烘焙食品制作教程

烘焙饼店经营手册

主编　王森
参编　周建强 张成林 张婷 孙健
摄影 王森

HONGBEI BINGDIAN
JINGYING SHOUCE

中国轻工业出版社

图书在版编目（CIP）数据

烘焙饼店经营手册/王森主编. —北京：中国轻工业出版社，2023.2

烘焙食品制作教程

ISBN 978 - 7 - 5019 - 8684 - 2

Ⅰ.①烘… Ⅱ.①王… Ⅲ.①焙烤食品－饮食业－商业经营－教材 Ⅳ.①F719.3

中国版本图书馆 CIP 数据核字（2012）第 013893 号

责任编辑：马　妍　　责任终审：孟寿萱　　封面设计：奇文云海
版式设计：奇文云海　　责任校对：吴大朋　　责任监印：张京华

出版发行：中国轻工业出版社（北京东长安街 6 号，邮编：100740）
印　　刷：三河市万龙印装有限公司
经　　销：各地新华书店
版　　次：2023 年 2 月第 1 版第 10 次印刷
开　　本：720×1000　1/16　印张：8
字　　数：166 千字
书　　号：ISBN 978-7-5019-8684-2　定价：38.00 元
邮购电话：010 - 65241695
发行电话：010 - 85119835　传真：85113293
网　　址：http://www.chlip.com.cn
Email：club@chlip.com.cn
如发现图书残缺请与我社邮购联系调换
230178J4C110ZBW

前言>>>>>

FOREWORD

我国烘焙行业的发展始于20世纪90年代，现在的饼店如雨后春笋般流行在大街小巷。饼店经营目前以规模化饼店生产配送和前店后厂饼店两种方式为主。连锁经营的饼店，也大都是中央饼店生产配送到饼店售卖，另外一部分产品店中现烤现卖。

几年前，国外的连锁饼店还较少进入中国，但随着国民经济的发展，国外品牌连锁店大量涌进，推动了整个烘焙连锁饼店的发展。以现烤现卖、方便购买为经营特点的饼店遍布城市和乡镇的商业街和社区，方便了人们的生活。饼店产品有中西点心、面包、生日蛋糕等。规模较大的饼店还提供堂食，甚至西餐等服务。

每一个饼店的发展壮大都需要一个素质过硬、技术过关、管理和经营能力强的团队。但由于近年来店面数量发展太快，饼店从业人员流动又相对频繁，目前饼店高素质技术和经营人才缺少，已经成为困扰连锁饼店发展的主要问题。如今，国内绝大多数连锁饼店店主经过了资金的原始积累阶段，他们希望跑马圈地抢占目标市场，抢占目标地域的店铺资源，但是往往在店面数量增多的情况下，店主们的盈利却没有相应的提升，原因是独立店面的经营管理能力太弱，实际上就是没有合格称职的店长造成的。

连锁店面的管理和生产较销售型企业的管理有天壤之别，根本原因在于通常连锁店面远离生产中心和总部，有的甚至不在一个城市，总部对这种远程管理控制是基于连锁店面店长来实现的，所以对店长的素质、能力、忠诚度要求较高。加之目前国内店长培训机构匮乏，所以国内饼店店长需求量极大。

我们围绕 Q—S—C 体系（Quality Service Clean）来规划整部书的内容，包括员工如何做好 Q—S—C 工作，以及作为管理者，如何体现他的辅助功能。同时，也提及了管理者在日常营业中常遇到的问题和解决方法。“解决饼店常见的问题，最终达成目标”是本书力求做到的。

本书既是王森艺术西点学校首部全面阐述烘焙饼店店长教育的培训教材，又是笔者多年来亲自管理、研究店面管理的经验总结。

希望读者阅读此书后，能在烘焙饼店管理方面得到进一步的提高。

目录>>>>>
CONTENTS

第一章　烘焙饼店店长的基本要求

所谓店长，就是独立门店的全权管理者。

从一个企业的管理结构来说，店长属于企业的中层管理职位，是店铺的核心。

想要成为店长，首先要了解店长的角色定位，才能准确评估自己适不适合当店长，需要弥补的差距在哪里，以及今后努力的方向。

角色定位

（1）饼店独立店铺的代表人　从你成为店长的一刻起，你不再是一名普通的员工，你代表了饼店整体的形象，是饼店的代表，你必须站在饼店的立场上，上传下达、强化管理，代表饼店处理内外事务，达到饼店设定的目标。

（2）营业额目标的实现者　你所管理的店面，必须有盈利才能证明你的价值，而在实现目标的过程中，你的管理和以身作则，将是极其重要的。所以，营业额目标的实现，很大程度上依赖你个人的优异表现。

（3）营业店的指挥者　一个小的营业店也是一个集体，必须要有一个指挥者，那就是你，你不但要发挥自己的才能，还要承担指挥其他员工的责任——帮助每一个员工发挥才能，你必须用自己的行动、思想来影响员工，而不是让员工影响你的判断和思维。

（4）团队的建设和带领者　你要明白怎样组建自己的营业团队，把合适的人用到合适的岗位上，并且能够建立严密的管理和检查体系对其管控，不断地给予下属专业培训，激励下属并取得下属的信赖。

（5）饼店政策的执行和建议者　你首先要去组织执行饼店的政策，在此过程中根据实际遇到的情况和顾客的真实反映，形成文字建议或意见迅速上报，以帮助饼店快速掌握情况、迅速做出调整，这一点也非常重要。

（6）店铺业绩和相关数据的统计和分析者　作为店长，你需要对店铺日常营业状况做全面细致的了解，例如对营业额、各类产品销售额比率、退货数量比率、品种等具体数据进行统计核实分析，不断寻找规律做出准确判断，及时调整政策。

工作职责

店长是一个店的领导者，是企业信息传递的纽带，是饼店销售政策的执行者和具体操作者，是店铺形象的代言人，是店铺对外交流处理相关事务的代表和决策者，是团队的建设和带领者，是店铺的核心。因此，店长需要站在经营者的立场上，综合、科学地分析店铺运营情况，全力贯彻执行饼店的经营方针。执行饼店的品牌策略，全力发挥其自身价值。

店长的工作职责如下：

（1）了解饼店的品牌内涵和经营方针，依据饼店的特色和风格执行销售政策。

（2）遵守饼店各项规定并监督执行，完成上级下达的任务。

（3）负责店面的日常工作，监督考核营业员的工作表现，及时反映员工动态，并对营业员进行专业培训。

（4）负责盘点、账簿制作、商品交接，保证准确无误。

（5）负责店铺内货品补齐、商品陈列。

（6）负责营业分析和汇报。

（7）协助人力资源部门进行招聘、培训、考核工作。

（8）处理或者监督处理店铺对外交流事务。

（9）处理客户投诉。

（10）激发员工工作热情，调节店内销售气氛。

（11）负责日常卫生检查和必要器具、空间的消毒检查，员工排班，制作考勤并上报结果。

（12）整理产品存在的问题和客户提出的要求，协调上级和生产部门予以解决。

（13）负责管理店面的财务工作，安排部分生鲜原料采购，并检查确认，在单据上签字，安排并监控每日营业额的安全处理。

（14）负责店铺的安全管理，原料、产品的仓储管理。

（15）负责组织下属执行饼店的各项促销活动。

（16）其他待命工作。

日常运营管理

店面营运通常分为三个时段，下面分别就这三个时段进行重点讲述。

（1）营业前

①开启电器及照明设备。

②布置并带领员工打扫卫生。

③召开晨会（附晨会资料）。

- 饼店政策及当天营业活动的公布与传达。
- 前日营业情况的分析、工作表现的检查。

● 培训新员工，交流成功售卖技巧，填写考勤表（上班员工签字）。

● 检查仪容仪表，激发工作热情，鼓舞员工士气。

④检查助销品品种、数量（背心袋、牛皮纸袋、礼盒、捆绑线、丝带等）和相应设备（收银机、电子秤、热水器等）是否正常工作。

⑤组织上货和陈列。

⑥盘点货品，清点备用金。

⑦核对前日营业报表，连同近日接收和拒收、退回货物单据传送饼店。

（2）营业中

①检查营业员仪容仪表，整理工服，佩带工牌。

②督导收银作业，掌握即时销售情况。

③不断安排员工或亲自提前备齐包装纸、包装袋等助销品，以便随时使用。

④检查督导员工见缝插针，空余时间随时打扫卫生，保持环境整洁。

⑤及时更换橱窗、展示品，调整商品陈列。

⑥注意形迹可疑人员，防止货物丢失和意外事故的发生。

⑦及时主动协助顾客解决消费过程中的问题。

⑧特殊客户和大宗团购客户的推销工作。

⑨接待投诉客户，争取能解决顾客投诉问题。

⑩收集市场信息，做好销售分析，不断了解营业额变化和产品库存量。

⑪整理饼店公文及通知，做好促销活动的开展前准备和结束后的收尾工作。

⑫日常营运过程中遇到的其他紧急处理事项。

（3）营业后

①盘点核对账物，填写好当日营业报表，安排退货。

②核对营业款并妥善保存或打入银行卡，留好备用金。

③检查电器设备是否关闭，杜绝火灾隐患。

④检查门窗和防盗措施。

人事管理重点

（1）组织并参与营业人员招聘、录用的初选，安排人员考勤排班。

（2）提出对员工给予奖励和处罚的参考意见或考评结果。

（3）协助人事部门参与辞退不符合饼店要求或表现恶劣的员工。

（4）根据员工表现提出调动、晋升、降级、辞退的意见。

（5）对员工的日常工作表现进行检查和评定。

（6）对店内的突发人事事件进行裁决。

货品管理重点

（1）根据具体情况或经总结客户意见后，对饼店的配货提出意见和建议。

（2）有权第一时间拒收有质量问题的货品。

（3）必要时对店内的货品进行有效调配，甚至提出或协助上级进行店与店间的物品调配。

（4）监控货物、原料、器具的安全储存。

个人能力

1. 店长应具备的能力

（1）指导的能力　是指有能力说服下属，扭转其不恰当的观念，并使其发挥最大的潜能，从而使营业额得以提高。

（2）教育的能力　能发现员工的不足，并通过临时培训、演示操作帮助员工提高能力和素质。

（3）数据计算能力　掌握、学会分析报表、数据，从而知道自己店面成绩的好坏。

（4）组织能力和凝聚力　能够了解员工特点，并善于协调员工布置适合个人的工作，团结员工，活化人际关系。

（5）良好的判断力　面对问题有正确的判断，并能迅速解决。

（6）专业知识的能力 对于你所卖西饼、面包、生日蛋糕的了解和营业服务时所必备的知识和技能。

（7）营业店的经营能力 指营业店经营所必备的管理技能。

（8）改善服务品质的能力 指让服务更加合理化，让顾客有亲切感、方便感、信任感和舒适感。

（9）自我训练的能力 要跟上时代提升自己，与饼店一起快乐成长。

（10）诚实和忠诚。

2. 店长不应有的品质和行为

（1）越级汇报，自作主张。

（2）推卸责任，逃避责任。

（3）私下批评饼店，抱怨饼店现状。

（4）不设立目标，不相信自己和手下员工可以创造营业奇迹。

（5）有功劳时，独自享受。

（6）不擅长运用店员的长处，只看到店员的短处。

（7）不愿训练手下，不愿手下员工超越自己。

（8）对上级或饼店报喜不报忧。

（9）不愿严格管理店面，只想做老好人。

第二章 店面管理

人力资源管理

管理就是要使被管理者不能随心所欲地想干什么就干什么，而是要他们按照管理的要求去做事。对人的科学管理在于充分调动人的主动性、积极性和创造性，做到人尽其才。研究表明，没有心情愉快的员工，就不会有心情愉快的顾客。所以管理者应该与员工之间相互信任、鼓励和沟通，把员工管理作为企业管理的根本出发点，在制定决策时优先考虑员工的因素，把员工放在积极、主动的位置上，依靠员工、培养员工和造就员工，只有这样才能充分激发员工的热情和进取心，最终赢得我们的顾客。

一、门店人事工作

1. 门店人事工作的作用

（1）提高员工工作效率，激发员工热情。

（2）店长与员工、员工与员工之间能进行有效的沟通。

（3）为员工提供有效的指引。

（4）建立合理的人力成本控制模型，减少人力成本。

2. 门店人事工作的内容、方法和技巧

（1）招聘需要考虑的问题

①男女比例是否恰当。男女比例一般以1：5为宜。

②各区域优秀员工比例是否恰当。

③招聘特别技术员工。

（2）招聘的两个步骤

①第一次面试：由店长负责审核应聘者证件、应聘条件，填写“入职申请表”。

②第二次面试：了解应聘者工作经历，基本素质及能力，薪金要求，个人职业发展规划，由店长主持试工后的面谈。

店长要仪表整洁，保证应聘者有更多的说话机会，让应聘者了解饼店的企业文化。

（3）面试的内容　下面列举了面试时常问的几个问题，通过应聘者对这些问题的回答，可以在一定程度上了解应聘者的个人素质和道德素养。

①你为什么认为自己能够在这个职位上取得成就？

通过对这个问题的回答，可以衡量应聘者对工作的热情程度以及对将来工作的投入程度，因为这些答案将反映应聘者是否愿意为饼店多做贡献。

②你最大的长处和弱点分别是什么？

这个问题在于应聘者的回答不仅说明他的优势和劣势，也能在总体上表现他的价值观和对自身价值的看法。

③是否有顾客曾经让你处于尴尬地位，让你感到不自信？你是如何回应的？

通过这个问题，我们可以了解到当所给的任务超过自己目前的能力水平时，应聘者解决问题的意愿和能力。

④你怎样影响顾客，让他接受你的看法？

这个问题可以反映出应聘者的沟通能力，我们要看他的行动，而不仅仅是表现。

⑤你的好朋友如何评价你？

通过这个问题可以了解应聘者的个性。

⑥你和同事们如何相处？

我们可以对应聘者的有效沟通技能得出总体印象。

⑦你在找工作时最看重的是什么？

通过对这个问题的回答，我们可以了解他的关注重点，以及理性思考能力。

⑧你认为我们的门店经营是怎样成功的？

通过对这个问题的回答，考察应聘者对门店的了解程度。

⑨你期望从这项工作中获得的最大回报是什么？

通过对这个问题的回答，考察他的立场和成熟度。

⑩如果你在销售时，顾客抱怨你的服务不好时，你怎么办？

通过对这个问题的回答，考察应聘者灵活处理问题的能力。

（4）离职程序

①由店长与离职人员作离职交谈，填写“离职申请表”。

②申请表报送人力资源部审核签字通过。

③监督离职员工交还公物，检查是否有破损。

④进行财务核算，与离职人员清账并确认签字，然后上报财务部再次审核。

⑤财务部再次审核通过，将于规定发放工资日领取工资。

（5）劝退　员工在工作中出现严重错误，可对该员工做出劝退处理，劝退权属于店长，程序同离职。

（6）事假、病假请假制度

①请假必须有假条、有责任委托人，禁止电话或口头请假（除紧急情况外）；

事假期间无工资；事假一次最长不超过一个月。

②请假一天的，可提前向店长递交请假条；请假两天或两天以上的，则须店长批准、上级主管签字方可生效。

③员工请假三天或三天以上都必须填写“请假申请表”，并且要提前一周申请，经店长批准、上级主管签字后方可休假。

④如没有任何请假手续，无故不上班的员工按旷工处理：未到一天扣三天工资。

⑤连续旷工三天的员工，则视为自动离职，且需给予用人单位违约赔偿。

⑥如请病假，员工除需出具医生证明外，还要填写“请假申请表”。

（7）离职制度

①如有员工因个人原因要求离职的，则需提前30个工作日以书面形式递交店长及上级主管审批，由店长安排其工作交接的一切事宜。

②在日常工作中，如因员工自身原因造成严重失误或经济损失的，则根据事件严重程度，由店长在一个工作日内，以书面形式向上级主管提出警告、严重警告或劝退申请，一经审批，处罚结果员工须无条件接受。

（8）新员工的入职教导　让新员工了解饼店的企业文化，使员工的自身价值与企业的价值结合在一起，可以激发员工的工作热情。通常入职教导的内容如下：

①工作常识：具体内容见下面工作培训。

②生活指导：主要包括工作地点的房租、饮食、周边环境等。

③安全培训：具体见本书第四章。

（9）入职教导的注意事项

①教导工作的重点：任何工作，都有其教导顺序。“让他看，说给他听，让他做，夸奖他”，否则人是不会动的。

a. 首先让员工有心工作，说明工作内容、意义，让他产生兴趣。

“你一定会……”这句话给员工自信，让他对工作产生兴趣。

“这工作就因为……所以很重要，也许稍微复杂一些，不过你一定能马上就学会的。”

b. 接着是做给员工看，慢慢地示范。工作一定有“必须注意的地方及要点”，必须强调，使其留下印象。

“做好了这里，一定要这样……尤其这一点要特别注意。”

c. 让员工做做看。最初，分成几个阶段，让他试试看。做得好就夸奖他。有错误时，就直接指出来，有耐心地指导。

“来，先试试看做到这里为止。”

“不，不是那样……对，这就行了。”

d. 看看员工有没有学会。偶尔查看一下，是否做得正确。有错误时，当场就指正。很轻松地告诉员工，有疑问就随时发问。

“嗯，进步得很快，很好。有什么不清楚的随时问吧……”

②提醒的方法：

a. 不要失去冷静：绝不要感情用事。简单的解决事情，不要无谓的火冒三丈。

“这个字到底是7还是9啊，这个数字这么写不是容易读错吗！你这个人真没用!!”……这么说话，会引起员工反感，不能达到有效沟通的目的。

b. 别让旁边的人发觉：你必须考虑到，你所做的提醒，在当时、当地，别让旁边的人发觉。

“我自己都很后悔，还故意让我当众出丑，真是无脸见人，这个怨气我一辈子都不会忘的……”——这就不行。

c. 要确定事实：不要凭表面操守加以判断，或听信一面之辞而轻率采取行动。

“我并没有错，为什么不相信我呢?”——这也不行。

d. 该说的要直说：大绕圈子，口齿不清的说法，反而会招致混乱，让对方不快。应注意清楚、简洁。

“请别唠唠叨叨，老找我麻烦好吗?”——这样要不得!

e. 别忘了鼓励：犯错受到提醒之后，很容易失去自信。为了恢复其自信，应给与温暖的鼓励，使其产生新的工作热情。

“我刚进来时比你失败得还要惨。可是如今想来，真是很好的学习过程。你会比我更优秀的，加油吧!”

③迎接新员工的前一周：

a. 对于新进员工的事先调查。包括毕业学校、家庭状况、个性、兴趣等。

“你是××学校毕业的吧，我姐姐也是那儿毕业的……可真巧哦”——可以这么打开话匣子。

b. 充分地做好工作场所的接待准备。

“到熟悉工作为止，多看看大家怎样做的吧”千万不要这样说。应与上司谈一谈，决定他的工作范围。

“首先请你做……，之后，再请你照顾……的工作。”——应该这么说。

c. 向岗位上的同事们介绍新同事。高兴的迎接，让他早日学成，事先向同事介绍其个人情况，同时征求协助。

“这一次要进来的江小姐是××学校毕业的。她的个性很开朗，成绩也很好。请大家多多照顾她。”

d. 拟订指导课程表，呈上级批准。随心所欲的教导，难免会有遗漏。一定要做成指导计划。

“你的工作是这样的，所以就按这个标准顺序来教你。到了两个半月后的繁忙期，我相信你就可以独当一面了。”——这样的告诉他。

④第一天工作：

a. 最初的谈话，把重点放在去掉不安与紧张。新员工对新工作都抱有一种希望。同时，对于未知的环境也抱着不安的情绪。我们必须诚心地为其除去不安与紧张，使其习惯于工作场所的气氛。请特别注意最初的话匣子。

“别担心，我起初还不是一样。没想到过了两天就习惯了。”

b. 对本单位及有关部门加以介绍。做好工作的前提是协调好人际关系，要让新员工尽快地融入到新的集体中。

所以应该将其对各方加以介绍。

“这位是新来的江小姐，她担任××工作，在工作方面希望您多照顾，请多多教导。”

c. 自我介绍及说明自己的职责。让新进员工了解你，不仅要自我介绍，而且对于自己的职责，也就是为何要教、教什么、用什么方法教等，都详细地说给他听（参考第一大项）。

“今后，你的工作就是这样，我的职责就是早日让你学会工作。加油啊，我相信你一定会做到的。”

d. 说明工作常识。从上班到下班，一项一项的给他介绍，以便教他学会营业常识，除去他面对新工作的不安。

“在这里打卡。这儿是更衣室，这个电梯不能用。这个时间是应做……，这个时间是……”

二、日常培训

每个人都是愿意学习的。学习使人感到自己很重要，可以体会到自身的价值。每个人都渴望到有学习机会和晋升机会的企业工作，而不愿意到一个得不到培训和升迁的饼店。员工训练不当，无发展机会，找不到更好的职位，员工流失率就很高。训练可以提升 Q—S—C 体系（Quality Service Clean）。只有训练才是达到门店目标的唯一途径，可以使雇员了解他们的工作职责以及如何胜任自己的工作。如果时刻对雇员进行训练，那么就会使他们以后的工作变得更加容易。研究表明，Q—S—C 是决定营业额的首要因素，营业额越高，利润自然也越高。如果训练得当，Q—S—C 水准就会得到持续不断的提升，营业额和利润自然也会持续不断的提高。

1. 培训步骤

①准备：准备训练材料、场所，准备要训练的内容。

②介绍：用系统性的方法解释每一程序是如何完成的，原因是什么。

③示范：按照步骤，有重点的操作一遍。

④实习：受训者在有监督或无监督的情况下进行，训练者要及时指正员工的错误，并且鼓励和赞赏员工的突出表现，这样可以提高员工的工作积极性。

⑤评估：受训者经过实习后，训练者可以利用“岗位核查表”对其进行评估。

2. 培训的内容

①服装、仪容、礼仪（如图 2－1）。

②正确的职业道德。

③岗位专业培训（如图 2－2）。

图 2－1 礼仪培训

图 2－2 岗位培训

三、各个岗位的培训工作流程

1. 店长的培训工作流程

（1）营业前

①监督检查员工的报到情况。

②组织员工做好营业准备，比如开启电器及照明设备、存货的复核、新货的盘点、物品的陈列，检查店面的清洁、灯光、价格、设备、零钱等状况。

③召开晨会：晨会可以看做是一天工作的总动员（如图 2－3 所示），其内容主要包括：

- 检查员工的精神面貌。
- 向员工传达饼店的最新政策。
- 公布当天的营业活动计划。
- 总结并分析前一天的销售状况。
- 提出当日销售目标。
- 激发员工的工作热情，鼓舞员工士气。

图2-3 召开晨会

（2）营业中

①巡视店铺，检查店铺的清洁和安全保护工作，发现问题及时处理。

②追踪处理所遗留的营业问题（设备修理、灯光、商品陈列等）。

③随时考察员工表现，注意员工的精神面貌、工作状态，发现问题及时提醒。

④检查店铺的费用支出情况，特别关注电话、用水、用电情况，及时采取措施拒绝非工作性支出或不必要的浪费，以控制门店的经营管理费用。

⑤及时主动协助顾客解决消费过程中所遇到的各种问题。

⑥闲暇时，可以有针对性地组织部分员工培训或者交谈。

⑦收集市场信息，调查周边竞争店铺情况，做好销售分析。

（3）营业后

①核对账物，完成各种报表的填写工作，确认营业额的完成情况（如图2-4所示）。

②收妥款项，并妥善保存。

③检查电器是否关闭，门窗是否关好，杜绝隐患，保证财产安全。

2. 店长对导购员的培训工作流程

（1）岗位前

①积极的心态，标准的仪容仪表，时刻绽放自己的笑容（如图2-5所示）。

图 2－4　核对账物

图 2－5　岗前准备

②得体的着装不仅可以给顾客留下好的印象，而且代表饼店的形象。

③检查、整理商品并补货。检查的内容包括商品的生产日期、产品质量等（如图 2－6 所示）。

④检查盘架上摆放的点心盘和面包夹是否清洁干净（如图 2－7 所示）。

图 2－6　检查、整理商品

图 2－7　点心盘和面包夹

⑤清理环境，地面、柜台、货架都要整齐清洁（如图 2－8 所示）。

（2）岗位中

①笑迎顾客：用自己的快乐带给他人快乐的心情。

②介绍产品：包括产品的特性、价格、口味等。

③建议销售：根据不同的消费人群，不同类型的口味，应站在顾客的角度，为顾客着想，尽量让顾客花合理的钱买到最满意的产品。

④引导顾客：主要指顾客选定产品后要打包（如图2－9）、买单等方面的引导。

(1)　　　　(2)

图2－8　清理环境

图2－9　为顾客打包

⑤欢送顾客：对于购物较多或抱小孩的顾客，应主动帮顾客开门。

⑥添加商品：根据售出产品的情况，及时添加产品。

注意事项：①未包装产品，要及时帮顾客拿包装盒或保鲜袋包好。
②不要强迫顾客购买某一产品。
③顾客如对你介绍的产品不满意，不要给顾客脸色看、发脾气。
④不要和其他营业员交头接耳或乱丢东西。

（3）岗位后

①总结一天中所遇到的问题，是否与顾客发生冲突，发生问题后如何解决，怎样避免遇到相同的问题。

②总结畅销、滞销的产品，将数据统计给店长。

③清扫店面、地板、墙壁、货架、柜台等，方便第二天上货。

3. 打包培训工作流程

（1）岗位前

①洗手：用洗手液洗至手腕以上，检查指甲是否过长，仪表是否整洁，保持精神饱满。

②对面包夹、点心盘进行清洁，并摆放于指定位置（如图 2－10 所示）。

图 2－10 工具清洁摆放

③准备足够量的各种包装盒和包装袋，放置时注意将饼店标志面向顾客。

（2）岗位中

①热情欢迎顾客。

②夹面包时尽量保持面包的原状。

③打包前可询问顾客还有没有其他需要，若无，则开始进行打包。坚持大的

产品摆放在底部、摆放端正、整齐有序的原则，以避免产品被压扁。

④打包时要向顾客唱价，并注意将包装好的产品递到顾客面前时眼睛须看着顾客，面露微笑。

⑤岗位时刻保持整洁。

⑥礼貌周到的欢送顾客。

（3）第二职责

①辅助收银员更好的完成收银步骤，努力提高服务质量。

②注意门店外围的清洁。

③目光巡视周围，留意顾客的需要并主动帮助顾客，同时注意有无可疑人员。

4. 营业员柜台货架培训工作流程

（1）开业准备

①备齐备足各种商品：零售商品种类繁多，为了保持经营品种的齐全，数量充足，避免仓库有货堆积，有货脱销，营业员要根据前段时间的销售情况，检查货架商品销售变化（如图 2－11）。

图 2－11　备足商品

②做好售货现场和个人卫生（如图 2－12 所示）。商店开业后，要接待成千上百的顾客，店内的卫生好坏，会给顾客留下直接的印象。

（2）销售过程中

①及时整理商品（如图 2－13 所示），并填充缺的货物。

图 2－12　做好现场卫生

图 2－13　及时整理商品

②对于售完的货架，及时清理现场。

5. 收货、验货岗位工作流程

（1）送货车到店后，必须协助司机搬运。

（2）来货验收时，必须认真点清楚收货数目并核对来货单，确保无误。

（3）生面包坯验收完毕后需在 3 分钟内放入冷藏柜冷藏。

（4）未包装产品验收时不能用手按压产品，不能用手一个一个拿出来检查验收，而是以产品的外形规格和颜色来判断。

（5）每验收完一个品种需在收货单上标记好，全部产品的数量和质量都要核对清楚。

（6）输入 POS 机，且输完后进行核对，以免输错，影响晚上盘点库存。

6. 收银员培训工作流程

（1）岗位前

①检查收银机、验钞机等设备是否运作正常。

②检查打包用品和各种收银单据是否齐全、充足。

③检查备用金，包括各种面值的纸币、硬币等并摆放整齐（如图2－14所示）。

图2－14　钱币的摆放效果图

④上午的产品到达后及时入库，输入完毕后再进行核对，以免多输漏输，影响打烊后盘点库存。

⑤商品入库后，及时填写盘存清单。

⑥将检查出的退货商品在电脑里进行退货，并记得将退货单交予司机带回饼店。

（2）岗位中

①当顾客进入店内时，应对顾客道声："欢迎光临！"

②顾客如对商品产生疑问，应及时作答。

③顾客付账结算，先输入商品编号，输入完毕后进行打包，并与POS机再次核对名称、数量、种类等，且清晰洪亮的向顾客唱价，告知顾客应付款总额。

④收取顾客现金时应双手接过，点清金额并辨认真假币后大声重复："谢谢，收您××元，请稍等。"

⑤找零时，需双手将钱递给顾客（小心硬币滑落），同时说："谢谢，找您××元。"

⑥找零后，提醒顾客拿好商品（如图2－15所示），并礼貌道声："谢谢光临，慢走。"

（3）岗位后

①结束一天的收银后，进行日结，对账并填写日报表，盘存清单。

②准备好第二天的备用金。

③盘点库存，与POS机中的库存相对应，如不符合，必须找出原因（如图

2－16所示）。

图2－15　接待顾客

图2－16　盘点库存

（4）注意事项

①需冷藏的商品要提醒顾客放进冰箱存放。

②打包时，注意商品的包装，例如干点可放在购物袋的底层，而一些容易压变形的产品则应放上面。

③现金要分类摆放且叠放好，方便找钱。

四、员工的排班

1. 排班的原则

对于门店来说，人手安排的不合理将会导致人工成本过高，而过紧的人手安排则无法保证一个合理的品质、服务、清洁水平。科学合理的排班将有助于让顾客满意、营业额增长，并使员工保持较高的士气。排班要考虑门店各个人的特别要求，满足人员需求对提高士气和生产效率十分重要，但同时不能忽略营运需求和管理规定，所以在排班时应遵循以下原则：

（1）管理人员班次，每个班至少有一名领班（业务骨干）。

（2）店长月末应上晚班。

（3）每月管理人员早晚班应该大致相等。

（4）例休（轮休）应该避开周末和节假日。

（5）因故欠休的需要注明欠休天数和原因。

（6）营业人员调休，尽量避开店面销售的高峰期。

2. 员工班次

（1）男女比例和生熟手的搭配要合理，至少每个班次需要一个熟手或者业务骨干。

（2）员工连续上一个班次不超过 15 天。

（3）两个班次间的时间间隔应该不少于 10 个小时，以确保员工睡眠充足。

（4）同一班次的人不要安排在同一天休息。

（5）节假日和周末尽量不安排人休息。

（6）贴发的排班表如需临时调动，应该跟相关人员单独沟通，还要在“交接班本”上沟通，确认后通报饼店人事部门备案。

（7）当排班表贴出来后，员工原则上不能在排班表范围内请假或离岗，否则，应该在该员工工卡上注明请假或离岗字样。

（8）特殊促销活动进行时，需要在高峰时段相应增加人手，可使用小时工。

3. 排班应该考虑的因素

①月初；②周末；③促销活动；④新产品；⑤天气与雨季；⑥竞争对手；⑦市政建设。

五、人际关系处理与激励系统

在饼店的日常管理中出现的矛盾，有 80% 是人际关系处理不当和沟通不良所产生的。我们认为，良好的人际关系技巧和有效的沟通在管理中得到充分的了解和合理运用，会使我们工作中出现的问题大幅减少。

1. 管理者如何处理员工投诉 （内部投诉）

投诉是任何组织中都存在的事实。店长处理投诉的能力会对员工的士气和自己的指挥能力产生很大的影响。如果处理投诉及时、公平，员工就会感到舒服。相反，如果是得不到解决的投诉，则会影响士气，最终影响工作效率。

2. 解决投诉的方式与技巧

（1）专心倾听　这通常是由一个员工发起的谈话，给予员工足够的重视，将会谈安排得尽量像私人对话一样，员工就可能会立即向你提出许多问题。专心倾听，用你其他的感官去捕捉员工的身体语言，和员工很好地沟通。当员工感觉你在注意听，他就会感到放松，而且会表述的更清楚些。

（2）了解投诉的所有细节，做笔记。询问投诉的每一个细节，包括时间、地点、环境和其他在场的人等。一定要保证你获得了解决这一情况所需要的全部信息。但要注意，不要评价员工的抱怨，通过专心倾听，你可以获得所有的细节，一定要做详细的记录以备以后参考。

（3）做出反应，说明你已经了解问题。做总结以说明你已经了解了问题和员工为什么被困扰。重复每一个细节，在谈论问题的其他方面以前保证每一个细节你都已经掌握了。注意当员工不同意你的表述时所做的语言或非语言的表示。如果你发现员工根本不同意你的表述，要立即澄清事实，努力倾听员工的话，可以维持或强化他们的自尊心。

（4）坦诚表明你的立场。每件事情都有不同的立场，只有你考虑过事件对整个组织的影响后，才能够妥善地处理投诉。不要针对员工的个性发表意见，这样，你可以做出一种客观的评价，你有技巧的反应会维持员工的自尊心。

（5）决定以后的具体行动。要询问员工本人的意愿，一定要让员工参与解决，你会获得他的承诺。如果问题很复杂的话，要和员工一起工作，以确定要采取的第一步，同时表明你解决问题的意愿。

（6）对员工的投诉意见表示谢意。通过对员工表示谢意，说明员工向你提供了有价值的建议。

3. 留住店内员工的几条建议

（1）尊重员工的价值，多一点鼓励、认可、赞美和表扬。

（2）尊重员工的不过分追求另类和异端的个性。

（3）尊重员工的人格。用宽容之心对待与自己不同的观点、行为和生活方式的人，绝对不能有侮辱员工人格的言行。

（4）尊重员工的正当利益，不损害员工利益。

（5）要平等对待员工的劳动付出，提供员工发挥潜能的机会和条件。

（6）尊重员工的权利。尊重和维护员工在法律允许范围内的各种权利。

（7）尊重员工的劳动成果。不能把员工通过自身努力取得的成果占为己有。

4. 维护人际关系的基本技巧

（1）问候人　亲切的问候会给他人如沐春风的温馨感觉。

（2）称呼他人的名字　饼店越大，规章制度越多，越容易使人感觉冷漠，能让员工感觉到温暖的一个方法，就是记住员工的名字，名字能使员工感觉自己与众不同，所以在交往中请尽可能称呼他人的名字。

（3）使用礼貌用语　礼貌用语是人际关系的润滑剂，在人际交往中，多使用“请”和“谢谢”，可以起到意想不到的效果。

（4）请求而非命令　在与同事的交往中，语气尽可能的委婉，不要使用命令式的语句，在生活中尽量使用“请帮我……，好不好？”或“请帮我……”。

（5）赞美他人　对他人的杰出工作或良好的建议进行适当的赞美，会让他人感到受重视。使一个人发挥能力最好的方法，是赞赏和鼓励，再也没有比上司的批评更能抹杀一个人的工作热情了。激励士气的最有效的方法就是称赞别人的工作。

（6）保持微笑　微笑表示的是：我喜欢你，很高兴见到你，使我快乐的是你。如果你抬起头，注意四周，向人们微笑，你就接近成功了。用你的微笑面对每一个人，那么你就会成为最受欢迎的人。

（7）己所不欲，勿施于人。

（8）视线接触　眼睛是心灵的窗户，保持视线的接触会让人感到亲切、认真。

受到真诚对待时，通过视线接触也可以观察到对方的内心感受，增强双方的信任。

（9）细心体会他人感受　关注他人的需要和感受，设身处地的为他人着想。

（10）不随意指责人　你希望别人怎么待你，你必须先怎么对待别人。我们不希望被别人随意指责，所以我们也不应该随意指责别人。

六、激励系统

1. 激励的内涵

激励就是调动人的工作积极性，使其把潜在的能力充分地发挥出来。

2. 激励的因素

（1）工作表现的机会和工作带来的愉悦感。

（2）工作上的成就感。

（3）由于良好的工作成绩而得到奖励的机会。

（4）对未来发展的期望。

（5）职务上的责任感。

（6）切实的物质或精神奖励。

3. 激励的方法

（1）不失时机地做有效的称赞，即使默默无闻埋头苦干的老实人也喜欢得到称赞，也应加以称赞以激励士气。

（2）避免过度的监督。

（3）赋予责任和权限后不过度干预，仅在日常管理中适度控制，并尽可能以商量或期望的方式提出要求。

（4）尊重下属的意见

①制造机会让下属提出工作意见；

②真心听取意见。

（5）建立工作感情

①适度地与下属接近；

②关心及协助其个人生活。

七、人力资源管理中的申斥方法

（1）冷静时进行，稍微搁置一段时间，但不可太久；自己不可冲动；单独的情况下进行，不可有旁人在场。

（2）适可而止。

（3）率直，申斥不可拐弯抹角。

（4）不讽刺。

（5）明确提出问题的重点。

（6）斥责中带激励，站在对方立场上为其着想；不可一味苛责。

“每一个管理者都应该记住：能为你解决问题的人，也会为你制造问题。”“知人、选人、用人、育人、安人，任何一个环节没有处理好都可能出问题，任何一个环节没处理好都不能算优秀的管理者。”

思考与练习

1. 谈谈你对店面人事管理的理解。

2. 写一份招聘书。

3. 在生活和学习中你是如何处理人际关系的，请自拟题目写一篇关于如何处理人际关系的文章。

4. 假设你是店长，在工作中你如何激励员工？都从哪几方面入手？

沟通与跟进

一、沟通

店长在管理中，员工在工作中，总避免不了沟通，而在我们沟通良好的工作中，对员工的培训又少不了跟进，没有沟通，工作就无法开展，没有跟进，员工就缺少工作的方向。

1. 沟通的概念

沟通就是通过谈话、手势或文字给予或交换信息、信号或口信，是人与人之间信息和情感的交流。良好的沟通是每一位店长做好其他工作的基础。出色的沟通，让每个人都有一个自由的发挥空间，形成高昂的士气；沟通无障碍，可避免错误，同样提高工作效率。

良好的沟通渠道和顺畅的信息交流是饼店保持良好运营必须具备的条件之一。

2. 沟通的方式与要求

（1）信息沟通　信息沟通包括发送、传递、接受和回应四个步骤。

①发送者的技巧：说话要清楚、清晰、大声；声音太小，口齿不清，就无法准确传递信息；信息要具体、简单。

②接受者的技巧：保持良好的聆听；留意捕捉非语言信息，留意别人的面部表情、身体行为；重复，即将发送者的话重说一遍，以证明理解正确。

（2）情感沟通　俗话说：种瓜得瓜，种豆得豆。你向别人传达的是一种高尚的情感，得到的回报肯定是积极的行为。

①发送者的要求：熟练运用人际关系基本技巧；善于发现别人的情感需要；抱有始终如一的观念：情感沟通是连续的，不是在需要的时候才用到它。

②接受者的要求：要建立一种责任感、道德感；要有一种积极的团队合作精神；善于体会他人感受。

③沟通的形式：单对单谈心；小组座谈会；定期聚会；发放“员工意见调查表”。

二、跟进

1. 跟进的概念与要求

跟进就是让员工知道他们的工作表现，有效的跟进能令员工做出最佳的工作表现，积极的跟进要做到：

（1）使用亲切的语气，和颜悦色的感情。

（2）对事不对人，帮助跟进对象找到工作中的失误或不足。

（3）避免谈及你对员工失误和不足的个人看法，而以会对店面、饼店或消费者造成不利影响为主，进行教育和督促。

（4）让下属知道你在不断关注他的工作。

（5）指出下属出色的工作表现。

2. 跟进的方式

跟进的方式有三种：训练方式跟进，抽查方式跟进，汇报方式跟进。

（1）对于一个刚刚接受完训练的员工，他的工作技巧较生疏，因此你必须每次以一种训练他的态度检查他的工作完成情况。

（2）如果新员工第一次单独做蛋糕，你需要在他工作时仔细检查他的每个程序，发现错误时马上予以指正。

（3）当员工具备了一定的经验之后，你可以用抽查的方式检查他的工作完成情况，并以一种训练的态度提出你的改进方法。当员工经验丰富的时候，你可以采用口头检查的方式，了解他的工作完成情况，而不必事无巨细。

三、沟通与跟进中会遇到的问题

1. 主动性问题

主动性有三层含义：将分内的、已明确安排的工作以一种近乎完美的方式去完成；将份外的、尚未得到明确安排的、但又有必要去完成的工作做好；主动做好一件事情，而且是有效果的事情。根据情况不同，一个人的主动性可以分为五个阶段：等待安排、询问工作、建议行动、采取行动（立即汇报）、采取行动（例行汇报）。

无论作为一名员工，还是店长，我们应该永远拒绝等待安排。如果是初到一个新的环境，可以允许主动性停留在询问阶段。但是对于大部分人来说，都应该保持在建议行动和采取行动阶段。

2. 领导力问题

领导力就是通过影响他人达到预期目的的能力。领导力由权力性因素（职位、资历、传统）和非权力性因素（品格、才能、知识、感情）决定，但以下建议可以帮助我们增强领导力。

（1）了解员工　我们不能把员工只当员工，我们对员工也要像对待朋友一样关心，这样才能令员工对我们坦诚相待、信守诺言。

（2）态度一致　对员工的态度不要随着自己的情绪波动而波动。

（3）帮助他人就是帮助自己，在以后的工作中会收到意想不到的效果。

（4）公平原则　作为一个普通人，一视同仁是获得员工尊重的关键，决不能因为自己的喜好影响对待他人的态度。

思考与练习

1. 主动性工作与被动性工作的结果有区别吗？你可以根据自己店内的同事或针对自己举例说明，体会一下。

2. 如何进行有效的工作沟通？

服务

作为饼店员工应该每天以最佳的服务状态来为顾客服务，在消费者和公众面前充分展现出企业的良好形象和个人魅力，从而吸引更多顾客光临。

一、服务

一名顾客光顾饼店，他期望得到以下各项待遇：

（1）新鲜、美味、精致包装的食品。

（2）清洁舒适的环境。

（3）快速准确、亲切自然的服务。

（4）受到尊重且每一次投诉都得到重视。

所以我们的服务，应该从以上项目中找出工作的切入点，努力把我们的工作做好。

二、营业员的一般礼仪

1. 仪态

（1）营业员必须站立服务　站姿：身体自然直立，挺胸收腹，双脚并拢，双脚跟靠近，脚尖自然分开一拳宽，双臂自然搭于腹前，双手拇指交叉，四指并拢叠放。头正颈直，下颌微收，眼睛平视，面带微笑；走姿：双臂自然摆动，步幅适度，脚步轻盈，不得大摇大摆走路。

（2）在前厅服务区内，服务人员身体不得东倒西歪、前倾后靠，不得伸懒腰、驼背、耸肩。

2. 仪表

（1）身体、面部、手部必须保持清洁，提倡每天洗澡，勤换洗内衣物。

（2）每天要刷牙漱口，提倡饭后刷牙漱口，上班前不吃异味食物，保持口腔清洁。

（3）头发要常洗、整齐，上班前要梳头，头发上不得有头屑，只允许染黑发。

（4）女员工上班前要化妆，但不得浓妆艳抹，不喷洒香水。

（5）不得佩戴任何饰物，不得留长指甲，女员工不得染指甲。

（6）必须佩戴工号牌，应佩戴在左胸处，不得任其歪歪扭扭。

3. 表情

（1）微笑是员工最起码的表情。

（2）面对顾客应表现出热情、亲切、真实、友好的态度，做到精神振奋、情绪饱满、精力集中。

（3）和顾客交谈时应眼望对方，频频点头称是，应保持全神贯注，用心倾听，不得东张西望、心不在焉。

（4）在为顾客服务时，不得流露出厌烦、冷淡、愤怒、僵硬、紧张和恐惧的表情，不得扭捏作态、做鬼脸、吐舌。

4. 言谈

（1）声调要自然、清晰、柔和、亲切，不要装腔作势，声量不要过高，也不要过低，以免客人听不清楚。

（2）不准讲粗话，或使用蔑视和污蔑的语言。

（3）说话要注意艺术，多用敬语，注意“请”、“谢”字不离口。

（4）不得以任何借口顶撞、讽刺、挖苦客人。

（5）要注意称呼客人姓氏，未知姓氏之前，要称呼“先生”或“女士”，请不要随意称呼“小姐”，实在必要就称呼“您”。

（6）无论从顾客手上接过任何物品，都要讲“谢谢”。

（7）客人讲“谢谢”时要回答“不用谢”，不得毫无反应。

（8）顾客来时要问好，注意讲“欢迎光临”；客人走时，注意讲“祝您愉快”或“欢迎您下次再来”。

（9）任何时候不准讲“喂”或说“不知道”。

（10）离开面对的客人时，一律要讲“请稍候”，如果离开时间较长，回来后要讲“对不起，让您久等了”，不得一言不发的就开始服务。

注意：营业人员无论在任何情况下都不得对客人说的几句话：“您是不是钱不够?”，“这个太贵”，“您说对了你可能买不起”，“本城市里同类产品中我们的是最贵的，我们店是这么规定的”；“这是我们的规定我帮不上忙，你找别人吧”；“我忙不过来，你找别人吧”；“这钱好像是假的?”，“你居然连这个也不知道?”

5. 举止

（1）营业员站立时，姿势要自然挺拔、精神饱满、面带微笑。

（2）双手不得叉腰或交叉胸前、插入衣裤或随意乱放。不抓头、挖耳、抠鼻孔，不得敲桌子或其他物品。不托腮、不背手、不背向顾客。

（3）不得随意吐痰或乱丢杂物。

（4）不得当众整理个人衣物。

（5）不得将任何物件夹于腋下。

（6）在顾客面前不得经常看手表，表现出心不在焉的表情。

（7）咳嗽、打喷嚏时应转身向后，不得面对顾客，并且要说“对不起”。

（8）不得谈天、大声说话或叫喊、乱丢乱碰物品等，不得发出不必要的声响。

（9）上班时间不得吃东西、吸烟。

（10）目光要关注进店的每一位顾客，特别是走进柜台前的顾客，随时准备提供服务。如果顾客呼唤营业员，营业员就是失职。

（11）在店内走动、帮助顾客选购商品或整理物品等动作，都要轻巧利落、不出声响。

（12）员工着工装外出，如是两人以上同行，不要搂腰、搭臂。

6. 服装

（1）工作服装应保持干净整洁。

（2）钮扣要全部扣好，帽子要戴好，衣领要翻好，内衣不得露在工作服外面。

（3）工作鞋要干净，不得光脚穿鞋，袜子上不得有破洞，鞋跟高不超过5厘米，女员工袜子颜色为肉色。

7. 电话礼貌

（1）电话响时，尽快拿起听筒（响三遍之内）；“您好，某某店”声音应明亮清晰。

（2）确认对方身份，如：“请问您找谁？”

（3）谈话应简洁，回答对方的提问边做笔记边回答，重点再复述一遍并确认。

（4）自己无法决断时，要请对方稍候，找来上级或专业人员再做答复。

（5）对方声音太小时要礼貌地告知。

（6）接到找人电话时要迅速转给被找者，他不在时，应给通话人解释，并尽量留言（营业高峰时找营业员的电话原则上不予转接）。

（7）需要对方等待时，须向对方说：“对不起，请您稍等一下。”如有可能，最好说出让他等待的理由。

（8）挂断电话之前注意礼节，别忘了向客人致谢。对方挂断电话后，才放下听筒。

（9）接到对方拨错了电话号码时，要有礼貌地告知“对不起，您打错了”。

三、营业员的不良态度

1. 赶走顾客的动作

在店内摆出可怕表情的营业员，挡住商店门口的营业员，在店前迫切抓住顾客上门的营业员，顾客一上门就凑上去的营业员都是让顾客止步的原因。

2. 赶走顾客的言语

当顾客靠近店门时，就向他们打招呼的营业员，当顾客走近商店时，就问他们要买什么、想买多少东西等的营业员，都是在说出赶走顾客的言语。

四、导购服务的宗旨和步骤

导购服务的宗旨是让顾客在整个购买过程中时刻感受着亲切和体贴入微的服务，让整个售卖处，处处充满温暖的气氛和亲切的笑容。

导购服务的步骤主要包括招呼顾客，介绍产品，建议销售，引导顾客，欢送顾客，添加产品。每名导购在面对顾客时，都应该将我们的真诚和快乐与顾客分享，让顾客感到惠顾我们的饼店是一种愉快的体验。

1. 招呼顾客

热情、亲切的招呼顾客。当顾客走进门的时候，我们就主动上前热情、亲切的招呼顾客；语言个性化，避免过于机械、单调。

2. 介绍产品

积极地、详细地介绍产品。重点介绍新产品、正在进行的推广活动；介绍过程中，要与顾客保持目光接触；交谈的时候声音要亲切、清晰、礼貌；面部表情是真诚的、微笑的。

3. 建议销售

技巧地建议销售。根据不同类型顾客的口味结合特色予以介绍，应该站在顾客的角度着想，尽量让顾客买到最满意的产品，体现百分百服务的理念。不要对同一顾客建议销售两次以上。

4. 引导顾客

引导顾客到收银处或休闲区。导购应该迅速准确地引导顾客到收银处买单。

5. 欢送顾客

诚挚邀请下次再来。服务完美与否，很大程度上取决于顾客离开时候的感觉，所以我们应该真心的感谢每一位顾客。

6. 添加产品

快速、准确地添加产品。理货的原则：①轮替原则：先进先出；②陈列原则：从上到下，从外到内，从前到后，由近及远；③售卖原则：任何感官、份量不够的产品一律不售卖；④标识原则：将饼店的商标、物价标签等项目向外。

五、顾客投诉

顾客进店购买的不仅仅是有形的产品，他们还希望在购物时得到营销人员的关怀和尊重。因此，如果产品的质量存在缺陷，营销人员的服务态度粗暴，售后服务跟不上，就极有可能导致顾客的反感和抱怨，饼店的信誉和业绩也将受到损害。调查反映，一位不满意的顾客会把他的抱怨转述给 8 ~ 10 个人；如果饼店能够当场解决问题，95% 的顾客还会来店购买，若是拖到事后解决，哪怕是解决的再好，仍会有 30% 的顾客一去不回。所以，我们一定要重视顾客多方面的需求，有效地预防和及时处理顾客的抱怨和投诉事件。

1. 处理顾客投诉目的

不论你如何努力，顾客总会有不满的时候，这些不满并非证明你的服务或者产品品质有多么糟糕，而是给你提供了一个良机提高自己的服务水平，防止顾客流失。正确的处理顾客投诉，可以帮助你平息顾客的不满，我们在顾客关系方面所付出的努力，将令不满的顾客重建对饼店的信任，以及避免同类事件再次发生。投诉的顾客才是我们最好的顾客，很多顾客在遇到差劲的产品、服务、清洁的时候，并不投诉，但他们将不再惠顾饼店。所以我们要尽一切可能消除顾客投诉的因素，同时，在遇到投诉的顾客时，要庆幸他给了我们一次让我们改正的机会。

2. 投诉顾客的动机和表现分型

（1）真正愤怒型　饼店的确在某些方面存在问题，造成顾客直接或间接经济损失或尊严和精神受到伤害，强烈要求得到经济和精神赔偿。

（2）假意愤怒型　并未受到任何损失，蓄意制造事端或者伪造证据讹诈钱财，或者蓄意毁坏饼店品牌形象。

（3）讨要说法型　饼店的确在某些方面存在问题，造成顾客间接经济损失或尊严受到伤害，但并没有强烈坚持要求经济赔偿的想法，只是希望饼店给一个说法。

3. 解决顾客投诉的步骤

（1）首先进行自我介绍、询问顾客原因。

（2）设法带顾客离开现场进行处理，以免造成更大的不良影响。

（3）若非直接处理，应首先向员工询问事情的经过，切忌直接询问顾客，以免引起顾客情绪的更大变化。重复陈述事件的经过，与顾客明确问题产生的责任，并妥善达成处理意见。

（4）对问题处理完毕后，务必对员工进行安抚，有过错的必须要求及时改正，不得再犯。

（5）对于同样的不满抱怨，要同等对待，坚持公平公正，维护饼店的声誉。在处理顾客投诉的过程中，饼店要积累经验，建立完善的管理体系，确保店铺的正常经营和良性发展。

（6）发生类似事件立刻向值班经理报告，如果值班经理不在，要及时汇报给其他主管。

（7）无论事情大小，都应写出投诉处理报告书，交有关部门审核和备案。对顾客抱怨和投诉的问题应优先于其他任何工作，认真及时正确处理。

（8）把顾客带到办公室，使其情绪稳定后再进行处理，避免意气用事。

（9）去顾客家里道歉时，不要迟到。最好是部门主管或店长亲自上门拜访。拜访时应带上礼物，可以是本店的点心之类的礼物。

（10）对于顾客的不当要求，要断然回绝。若顾客采用武力或在店铺无理胡闹，要及时报警，维护店铺的经营秩序和保护其他顾客的安全。

4. 处理顾客投诉的黄金定律

不管是什么顾客，只要是来投诉，第一步就是想方设法把投诉顾客带离店堂，隔离投诉者与其他顾客的接触。否则接待者稍有不慎就会使投诉者的愤怒程度增加，因为投诉者见到有顾客在场时会自然认为其他顾客是他的靠山，而出现冒险性转移，做出更加出格的事情来。

第二步就是想方设法让顾客坐下来，人站着容易激动和愤怒，但是当人坐下来后，愤怒程度会自然减少一半。此法可以稳定顾客情绪，有利于谈判。

第三步就是想方设法让顾客喝到你为他倒的水或者抽一根你给他的烟。

以上三步如果你做对了，顾客的愤怒度会减少80%，因为“情绪可以影响行为，反过来行为也可以影响情绪”。接下来就可以在一个相对良好的气氛下沟通交流了。这样解决投诉的成功率就会增加几倍。

第一个接待的绝对应该是营业员或者是领班，这个人的角色并不是一个有权处理问题的角色，第一接待者的目的就是：完成以上三步的同时了解确认投诉者的问题、分辨真假，表现出希望帮助她解决的心态，稳定其情绪，对于投诉者提出的解决办法，以职位等级太低为由不给予确定的答复。最后当探得其底牌后将决定权和所知信息通知到店长。第二个接待者应该是店长，在确实有损害顾客利益的情况下，投诉者一般性的要求，店长可以给予明确的处理方案，如果遇到非一般的投诉要求，要及时与上级商量或者请领导直接处理。

思考与练习

1. 什么是服务？
2. 以组为单位，演练服务的礼仪标准。
3. 导购服务的步骤是什么？
4. 演练处理顾客投诉的步骤并根据以上思路设计一个小品，帮助学员记忆以上方法，锻炼处理问题的能力。

货物管理

一、存货盘点

1. 存货盘点的意义

存货盘点的意义不仅在于给下单一个可靠的依据，更多的时候，它是控制物料准确投入产出的好工具。当货品出现连续短缺或剩余时，存货盘点便是我们控制的重点。

2. 存货盘点的内容

存货盘点包括日点和月点，日点是各类产品存量，即日常售卖的现制品、包装品等；月点是在日点的基础上再加上店内固定资产、易耗品等。

3. 日存货盘点的注意事项

确认存货盘点上的店名、编号、日期和存货盘点人等。每日临近打烊时，要由专门人员进行存货盘点，依照存货盘点表格上的顺序依次存货盘点当日的结余的货物量，并填写在指定位置。所有货物应以最小包装单位计算。存货盘点结束必须誊抄一份存货盘点表以方便第二天的存货盘点工作。当日所有的货物调拨需要特别注明并上交调拨单。

4. 月存货盘点的注意事项

每月存货盘点中，门店负责人必须上晚班，以确保存货盘点工作的准确高效。月存货盘点内容应该包括门店所有的仪器、设备、用具、原材料等内容。

二、下单

下单是为了保证不断货，而又要最小限度存货。提高下单的准确性，可以帮助我们为顾客提供充足和新鲜的产品，大大提高顾客的满意度。通过了解以下内容，我们可以掌握下单的基本技巧。

1. 预估营业额

参照过去三周同一天的营业额的平均值，兼顾其他影响营业额的因素，预估当日营业额。例如，第一周：5200，第二周：5400，第三周：5300。那么本周五预估营业额：（5200 + 5400 + 5300） ÷ 3 = 5300。在实际的工作中，仅仅按照上述方法，营业额的准确性会大受影响，我们还要考虑下列因素：天气、节假日、季节、竞争对手、市场促销活动、新产品、商圈活动、特殊事件等。

2. 下单的流程

（1）下单　下单周期一般为两天，即每天估计第三天的用量。每天晚上对第三天需要的货物进行填写下单，晚上打烊时由收款专车带到饼店。

（2）到货　每天一次到货。

3. 收货的注意事项

控制收货时间，协调人手进行收货；检查货品的品质、生产日期、数量；货物在存放中要注意与周围的距离和清洁；在使用货物的时候要注意先进先出的原则；在售卖中发现产品质量问题时要立即停止售卖，同时填写质量意见反馈单。

4. 收货的要求

半成品、食品原材料经过运输及变换不同的储藏点，周转的环节越多，食品被细菌污染的可能性就越大，尤其是我们的产品大多是面包类产品，存在一个酵母发酵的过程。生包在运输过程中不断吸收热量，酵母菌的生命趋于活跃，生包会发酵胀大，从而影响产品品质。所以在收货的时候，要严格控制收货时间，一定要在 10 分钟内将生包转入冷藏柜中保存。收货人员要求是领班以上人员，货车一到，由一名资深领班人员协调人手进行收货。来货单交给该领班或收银员、副店长，核对定货单，并提前准备好要寄走的报表和其他要上交的物品。

在收货的过程中，一定要先检查货物的品质、生产日期、数量，确保无任何问题方可收下。

三、轮替

轮替即先到的货物先售卖或先使用——先进先出，先进先出工作是否做的到位将会直接影响我们产品的品质。

举例：

每天新到的鲜奶应该先储藏于冷藏柜中，要先使用上一次的货物；当天未售完的鲜奶应该明确标示后再放入冷藏柜，等待第二天开店营业后先行售卖，以保证品质。

瑞士卷等产品必须每天进行检查轮替，当发现产品表面干硬的时候必须予以报废处理。

思考与练习

1. 影响食品品质的因素有哪些？
2. 半成品、食品在收货过程中有哪些要求？
3. 轮替的要求是什么？

店面清洁与消毒

一、清洁的意义与手段

我们为消费者提供的承诺之一就是整洁舒适的环境，不论在饼店、生产车间，还是在办公室，清洁管理都将是我们每一位员工的重要工作内容，而使用正确的物料、工具和正确的操作方法，无疑将大大提高清洁工作的效率和效果，也可以降低物料的成本。作为饼店的清洁工作，应该从三个方面着手。

（1）员工训练　不遗余力地进行员工训练，规范员工的操作，是饼店生产卫生、放心产品的根本条件。

（2）操作标准　只有严格执行操作标准，才能保证产品品质稳定，才能提高我们的综合竞争力。

（3）生产环境　宽敞明亮的操作间是我们的员工工作的天地，也是为顾客提供放心产品的舞台。

二、5S 管理

为顾客提供清洁、舒适、优雅的购物环境是每一个员工的职责。因此，每一个员工每天有责任搞好柜台卫生、商品卫生和环境卫生，养成讲卫生的好习惯。在清洁与消毒的过程中，我们会联想到5S 运营理念。

1. 5S 的内容

5S 是指整理、整顿、清扫、清洁、习惯（纪律）五个单词，其单词的开头字母均为 S，因此简称“5S”。

2. 5S 的定义

整理（seiri）：要/不要；
整顿（seiton）：定位；
清扫（seiso）：没有垃圾和脏乱；
清洁（seiketsu）：保持光亮和卫生；
习惯（shitsuke）：养成纪律的习惯。

3. 推行 5S 的理由

（1）5S 是无声但最有魄力的推销员，因为可以获得客户对整洁饼店的赞扬，产生对产品品质的信赖。

（2）5S 管理法则能吸引许多人来参观饼店，借此提升饼店的形象。

（3）整洁的饼店，能够促使客户产生签下订单的意愿。

（4）在整洁的工作场所中上班的员工，都有被肯定、被赞扬的追求，进而促进员工更加努力的工作，生产力也会提高。

（5）5S 的工作场所是节约的场所，因为 5S 的理论是从管理出发的，借以降低成本，减少浪费，减少库存。

（6）推展5S后，跟随浪费减少而来的是生产时间的节约，当然交货延迟的现象也就自动消失了。

（7）建立5S的饼店是明亮的、视野良好的工作场所，走道、堆积区域都标示明显，不会违反通道原则。工作服及安全防护用具保持整齐，员工有安全、舒适的工作环境。

（8）5S也是建立标准化操作规范的推动者，通过习惯的纪律要求，每位员工都能正确地执行任务，并且任何一个员工到任一个工作场所也能立即展开作业，随时向品质零缺点目标迈进。

（9）不管任何行业推行5S管理法则，都会打造出令人满意的工作场所；也能形成全组织进行改善的氛围；员工认为自己的行为有示范作用，将更有改善的意愿，激发全员参与工作的热情。

（10）实施5S活动，能够培养一批有企划能力，以及自主管理能力的干部和员工。

4. 5S的基本含义

5S的整理、整顿并非局限于做好整理、整顿就好了，也不是喊喊口号、贴贴公布栏、公开宣告就完成了，总而言之，它并非写出来、喊口号让人来看的，而是要确确实实地去“做”的事。我们要先充分了解它的基本含义后，再来推行耳熟心知的5S运动吧！

（1）整理

①整理的具体内容：“整理”这个单词，往往让人误认为把散乱各地的东西重新排列整理就“好了”，其实重新排列、重新堆积整齐，只能算是“整列”，而“整理”的详细内容应该是：

- 将需要和不需要的东西分类；
- 丢弃或处理不需要的东西；
- 管理需要的东西。

但是丢弃需要“狠心”和“魄力”，我们经常有这样的心理和观念：“留下以后或许有用”，“这个尾数留下等下批订单再用”，“多买一些，急用就不用愁了”等，这些不明确或假设的心态，往往造成“空间”和“成本”的浪费。

②整理的必要性：我们先举出一些因错误导致浪费的实例，以便更加了解推动5S的重要性。未经“整理”的组织，经常库存一些长期未使用的材料，而浪费大笔的库存资金。

- 从来不用的料架和柜子，占用了宝贵的空间；
- 仓库里有什么材料，仅凭感觉就可以知道；
- 雇用人员越多，表示饼店越忙；
- 因缺料、机械故障，而不能如期向客户交付产品，我们也没有办法；
- 先赶货要紧，多生产一些，把不良品先挑出来，等出货后再零卖；
- 以前我们就是这个样子，产品销路不错，客户也没说饼店太脏乱；
- 有重要客户来参观饼店，提前动员大扫除一下，就可以给客户留下好印象；
- “喂！昨天的报告放到哪里了?” “明天我上班再拿给你，因为我要找找看。”

清理“不要”的东西，可使员工不必每天反复整理、整顿、清扫不必要的东西，而造成时间、物力、人力等的浪费。

通过上述的分析，如果在考虑扩充厂房之前，先做好整理工作，你一定会对厂房的容量变大而大吃一惊。所以，“整理”是5S的基础，也是讲究效率的第一步，更是“空间管理”的第一课。

（2）整顿　执行“整顿”的消极意义为防止缺料、缺零件，其积极意义则为“控制库存”，防止资金积压。整顿是放置物品标准化，使任何人立即能找到所需要的东西，减少“寻找”时间上的浪费，也就是将物品按“定点”、“定位”、“定量”三原则规范化，使工作效率、工作品质、材料控制成本上，实现最大的效益。

（3）清扫　产品品质的优或差与饼店的清洁有着相当密切的关系，在一般人的印象中，“清扫”就是用扫把扫扫地、用抹布擦拭即可。其实，真正的“清扫”应是除了包括上述的最基本动作之外，工作场所的地面、墙壁、天花板以及日光灯的内侧均要清洗干净，除了能消除污秽，确保员工的健康、安全卫生外，还能及早发现设备的异常、松动等，以达到全员预防保养的目的，借以提高工作效率、降低成本，使设备永远维持在最佳的运转状态下，进而生产出品质良好的产品。

（4）清洁　“清洁”与前面所述的整理、整顿、清扫的3个“S”略微不同。清洁并不表示“行动”，而是表示了“结果”的状态。它与整理、整顿有关，但与清扫的关系更密切。为机器、设备清除油垢、尘埃属于“清扫”，而“长期保持”这种状态就是“清洁”，将设备“漏水、漏油”现象设法找出原因，彻底解决，这也是“清洁”，是根除不良现象和脏乱的源头。因此，“清洁”具有“追根究底”的含义，大事从小事做起，创造一个无污染、无垃圾的工作环境。

（5）习惯、纪律　5个S——整理、整顿、清扫、清洁、习惯，在推行5S运动中都很重要，但是我们认为其中最重要的是“习惯”。5S实际上是做日常习惯的事，也不是靠一个人做就可以的，而是需要每个人亲身去体会实践，发自内心产生认同。因为担心自己的疏忽，会给别人带来不便、损失，所以自觉遵守纪律，就是“习惯”。

因为人们容易对于各种活动产生“三分钟热度”、“虎头蛇尾”的状况，要让5S活动养成习惯，持续不断地、全面彻底地进行，就必须从“纪律”管理着手，让人们按照从心里自然流露出来的“必须”的心态去实行，才是5S成功推行的要素。

（6）5S要由上司关心做起　5S活动在推动前期是由上而下的执行，首先要面对的是组织的主管干部。如果得不到部门主管、干部的共识、支持，就不会达到全员参与的境界，活动就不可能正常开展，所以“干部的心理建设”是非常重要的一环。

①要抛弃诸如：“这样就好了”，“随随便便”，“以后再说吧”等马马虎虎的坏习惯。

②思想观念要“革心”，“脱掉”旧习惯。

③要接受新观念的时候，任何人都会产生与旧观念的内心冲突。不把旧习惯“脱掉”是永远容纳不进新观念的。

④以身作则，事事带头。

⑤干部在组织中是众人瞩目的人物，任何的言行都呈现在部属的面前。“言教不如身教”即为感化人心的最好的方法之一。

⑥根除“只说不做”的心态。

⑦5S活动是一种“身体力行”的活动，干部如果只是用权势发号命令而不动手做，恐怕很难令下属信服。所以执行5S活动时，除了要“说”之外，更要

“动手去做”，有了示范对象，自然就没有任何不做的借口了。

⑧要有“恒心”，思想上认识到“没有回头路”。

⑨做了5S活动，必须要不停的进行检查、检讨和改善，耐心地教诲每一个人养成习惯。

三、店面卫生管理

1. 店堂环境清洁

（1）室内外灯箱定期清洗，至少每月一次。

（2）室内外地面清洁，无垃圾、污渍、脚印，墙面不乱贴乱画。

（3）玻璃门窗明亮无手印。

（4）POP宣传物品、装饰物品无灰尘，无破损、脱落。

（5）店堂无蛛网，无蚊蝇、鼠害痕迹。

（6）天花板干净，无破损，无蛛网。

2. 店堂设备设施清洁

（1）雪柜清洁标准　表面无污渍、灰尘，雪柜上陈列物品（POP宣传品、装饰品）干净无损坏，雪柜玻璃明亮无污渍、手印；雪柜散热片清洁无积尘，水盒中水量至少1/2；灯管无奶油；每天晚上应用消毒水擦拭。

（2）饮料柜、急冻柜表面无污渍，内部物品按类别摆放。

（3）货架、货柜、灯管干净无污渍，无灰尘；货物陈列整齐。

3. 店堂用具用品清洁

（1）包装袋、包装盒内外清洁无灰尘。

（2）自选盘、食品夹、毛巾等应在早上开店、中午交接班、晚上打烊前各消毒一次，营业中应随时保持清洁。

（3）及时更换藤篮纸。

4. 藤篮纸更换标准

（1）当藤篮纸边缘破损时。

（2）当藤篮纸出现的油污面积大约超过1/3时。

（3）当藤篮纸的边缘有油污，影响产品陈列的整洁美观时。

（4）现烤产品分别在中午、晚上各更换一次。

（5）调理类产品至少每日更换一次。

（6）藤篮清洁，无污渍、油垢，无破损。

（7）一货一篮一签，价格签干净无破损，统一置于藤篮的左边或右边；蛋糕盒内外干净无灰尘，且码放整齐。

5. 产品清洁

（1）鲜货产品清洁、美观，包装整齐。

（2）干货产品清洁无灰尘；请注意：门店的清洁工作应以不影响顾客满意度为前提，当有顾客进门时应暂时放下手中的清洁或其他工作，优先接待顾客。

6. 裱花间环境清洁

室内天花板、地面、墙面、隔断、玻璃、室内灯箱及室外玻璃橱窗、墙面清洁无污垢、杂物（如图2－17和图2－18所示）。

图2－17 裱花

图2－18 裱花间员工工作

7. 裱花间设备设施清洁

操作台表面干净无污渍，无灰尘；操作台上物品摆放整齐，归类有序；裱花间机器（搅拌机、急冻柜、水池等）外表干净，无污渍（如图2-19所示）。

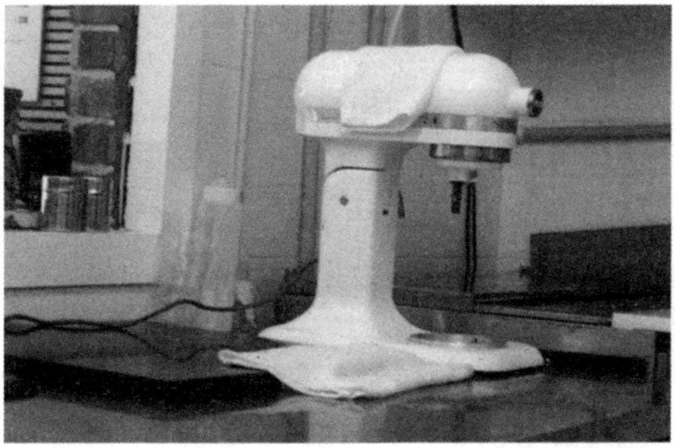

图2-19 干净的操作台

8. 裱花间用具用品清洁

（1）操作台上的专用抹布干净，无明显油污，无污物；

（2）操作台上抹布与其他清洁抹布分开使用，分开放置；

（3）操作台上物品外表干净无污迹；

（4）裱花间其他用具外表干净，无污渍，归类有序；

（5）消毒水桶干净，消毒水按比例配制，消毒水量不少于半桶，且每隔4小时或浑浊时更换并记录；

（6）上班前、下班后对各类裱花工具进行清洗，并用消毒水浸泡5分钟。

（7）裱花间门应保持随手关闭。

9. 裱花间原辅材料清洁

（1）原料、辅料包装干净，标识正确，归类整齐放置；

（2）冷藏柜内裱花与烘焙所用材料分区存放；

（3）操作台上奶油、果膏等物品须置于不锈钢盘内。

10. 烘焙间环境清洁

室内天花板、墙面无蛛网，无污物；地面干净无积水、污垢、杂物。

11. 烘焙间设备设施清洁

（1）操作台表面干净无污渍，无灰尘；操作台上物品摆放整齐，归类有序；

（2）烤炉、醒发柜及冷藏柜的正面、侧面、顶部要干净，无积垢，无黑油污；

（3）烤盘干净，无积垢，无黑油污；

（4）所有设备设施顶部不可堆放杂物。

12. 烘焙间用具用品清洁

（1）上班前对工作用具进行清洗、消毒；

（2）操作台上的专用抹布干净，无明显油污，无污物；

（3）操作台上抹布与其他清洁抹布分开使用，分开放置，有明显区分标识；

（4）操作台上物品外表干净无污迹；

（5）消毒水桶干净，消毒水按比例配制，消毒水量不少于半桶，且每隔 4 小时或浑浊时更换并记录；消毒水配比：手：1∶1000，用具：1∶2000。

13. 原、辅材料

（1）原料、辅料包装干净，标识正确，归类整齐；

（2）冷藏柜内烘焙与裱花用材料分开存放。

14. 垃圾桶的清洁

（1）每天应该及时清理垃圾，不让垃圾在店面停留太久；

（2）垃圾桶每天都要用清洁水清洁，并配置消毒水消毒；

（3）垃圾桶的清洁应该避开顾客。

15. 消毒

消毒就是杀灭和清除环境中的病原体，使其降低致病的程度。实际工作当中，我们要做的就是预防，消除病菌存活的条件，达到灭菌的目的。首先我们要及时清除食物残渣；其次要保持环境干燥，不要让环境含水分过高；再次就要控制好温度，我们要及时消毒。

（1）常用的消毒方法

①煮沸消毒：将物品浸在沸水中煮 10～15 分钟，此方法适用于毛巾、餐具等，以及耐煮的金属物品。

②紫外线消毒：利用紫外线消毒照射消毒的方法。

③化学消毒剂消毒：利用漂白粉、高锰酸钾等化学物品消毒。

（2）消毒的具体要求

①原料储存规定：

a. 冰冻产品的储存温度是 -10～0℃；冷藏类产品的储存温度是 1～5℃；室温下，任何原料储存不超过 24 小时；

b. 所有食物、餐具不可直接接触地面，干货区保持干燥，干货储存保持距离地面 15 厘米，距离墙壁 5 厘米，货物与货物距离 3 厘米；

c. 所有存放冷冻产品的容器都要经过严格的消毒。

②员工要求：

a. 每年必须年检的健康证；

b. 个人卫生要做到四勤，即勤洗手和剪指甲；勤洗澡和理发；勤洗衣服和被褥；勤换工作服和毛巾。

16. 清洁管理

清洁管理是通过清洁三步骤来实现的，清洁三步骤是我们在执行清洁工作中最常用到的清洁步骤，可以确保清洁的效果，避免细菌感染和交叉污染。

第一步——清洗，将需要清洁的物品去除食物残渣后置于第一槽浸泡 3～5 分钟，用刷子或专用抹布进行清洗；

第二步——冲洗，使用 50～53℃的热水用水枪或水龙头冲洗，去除污垢和清洁剂残留物；

第三步——消毒，将冲洗过的物品放入 34～36℃的消毒剂溶液中 2～5 分钟，拿出风干或紧急使用时用消毒毛巾拭干。若因场地限制仅设有两个清洁用水槽，其操作方法是：第一步、第二步在第一个槽中进行，第三步在第二个槽（消毒槽）进行，但第二个槽中消毒液的温度应达到77℃。

17. 抹布管理

抹布是在执行清洁工作中使用最频繁的工具，而抹布的清洁与管理对于防止交叉污染至关重要。

（1）抹布的颜色区分

①浅色抹布（如白色、粉色等）用来清洁和消毒顾客区（除洗手间）；

②深色抹布（如蓝色、绿色等）用来清洁和消毒后堂区；

③淘汰下来的抹布或与上面两种颜色不同的抹布：用于洗手间、玻璃、墙面、地板等的清洁。

（2）抹布管理原则

①所有用于清洁、消毒的抹布在不用时应放在专用的盛放消毒液的桶中，使用后应放入另一个专用桶中待洗。桶最好有明显的标识。

②抹布清洁要注意生品与熟品用抹布的严格区分，洗手间设施与其他区域用抹布的严格区分，桌椅台面与地面和墙壁等用抹布的严格区分。

③擦用品用具抹布与擦玻璃抹布应单独分开清洁管理。

18. 外围的清洁

店外设施的清洁是为了给消费者营造更方便、更专业、更优雅的购物氛围，其维护好坏将直接影响门店在消费者心目中的形象。

（1）每日整理花草，花草应茂盛无枯枝败叶并且修剪整齐，不妨碍行人或交通。

（2）开店前、关店后和营业中应检查外部垃圾箱、地面的清洁，清扫时应先打扫浮尘和明显的杂物。

（3）清洁外招牌　外招牌是企业的形象、“脸面”，就像我们每天洗脸一样，应该很好的进行维护。在清洁的时候要注意避免刮伤和使用不合格的清洁剂。其清洁的程序为：先将招牌上的灰尘、杂物擦拭干净，用长柄毛刷蘸清洁剂均匀擦拭，注意不要有太多溶液流下，再把干净抹布置于长柄刷顶部擦拭。清理滴下的溶液或脏物，收拾工具并到后区清洗干净后存放到指定位置以备后用。因高度、工具等问题造成清洁困难的，可以外请专业的清洁队伍清洁饼店，规定每月几次的清洁频率。

（4）清洁顾客区　顾客区地面的清洁是营运中的重点，也是难点，要防止湿滑给顾客带来伤害。彻底全面的地面清洁应在开店前或打烊后进行，营运中注意维护，必要时进行局部清洁。

19. 顾客区地面的清洁程序

（1）清理桌子　顾客离开后 3 分钟内应及时清理桌子上遗留的杂物，用抹布擦拭桌子表面，将残渣丢入垃圾桶里，不要擦到地面上。

（2）清洁椅子　用抹布蘸清洁剂擦拭椅子，将顽固的污垢去除，再用干净的抹布擦去清洁溶液，喷洒消毒水或用消毒抹布擦拭干净。

（3）清洁地面　用扫把清扫地面，去除丢弃的杂物、残渣，去除油渍或打翻的食物。扫地时对顾客有礼貌，不要打扰顾客，最好在顾客 2 米外的地方扫地或等顾客离开之后进行清洁。

（4）拖地（营运中）　摆出“小心地滑”牌在清洁区域，用专用拖把在清洁剂溶液中浸泡后用拖把挤压器挤压，除去过多的水分以“S”型的动作在 3m×3m 区域里拖地，用另一把在消毒溶液中浸泡过并经过挤压的拖把擦干这一区域，拖下一个区域前应把拖把放入清洁剂溶液中清洗。清洁剂溶液和拖布应干净清洁无异味。用完后刷洗拖把挤压器，用热水将拖把彻底清洗干净，并挂起风干。磨损严重的拖把应及时更换。

（5）清洁洗手间　洗手间应保持清洁，无异味。戴一次性手套，防止清洁剂腐蚀皮肤，将专用清洁剂喷洒到小便池或马桶内部，用专用刷子彻底刷洗内外侧，清除污渍，用专用颜色的清洁消毒抹布擦拭干净。为去除异味，可以在小便池或马桶内喷洒芳香剂或消毒水。

（6）清洁洗手池、水龙头　用清洁剂喷洒台面、水龙头、水槽，用刷子或百洁布刷洗、冲洗，用干净抹布擦拭干净。

（7）清洁烘干器、卫生纸分配器及洗手液容器　用清洁剂喷洒或用干抹布擦拭，注意防止水进入机器中。

（8）清洁墙壁、天花板、灯具、内部植物　该项清洁应尽可能在非营运期间进行。用清洁剂喷洒表面，必要时刷洗墙壁，用百洁布或抹布擦拭表面，确保无水痕，自然风干。

思考与练习

假设你是一名店长，你如何对店面进行清洁和消毒？

第三章　店面经营

当连锁店面大规模快速扩张时，店长可能会承接一项新店选址、考察、市场调研的工作，因此以下工作也是店长必须掌握的。

商圈与选址

商圈，是指商店以其所在地点为中心，沿着一定的方向和距离扩展，吸引顾客的辐射范围。简单地说，也就是来店顾客所居住的区域范围。无论大商场还是小商店，它们的销售总是有一定的地理范围。这个地理范围就是以商场为中心，向四周辐射至可能来店购买的消费者所居住的地点。商圈分析是饼店选址的一个重大步骤，也是重要的基础工作。新店在选址时，首先要明确商圈范围，了解服务对象，确定经营范围，评估经营效益，然后确定大致地点和店规模。

1. 商圈的分类

（1）商业区　商业集中的地区，其特色为商圈大、流动人口多、各种商店林立、繁华热闹。其消费习性具有快速、流行、娱乐、冲动购买及消费金额比较高等特色。适合以果汁类饮品、冰品、便于带走食用的产品为主线经营。

（2）住宅区　住宅区住户数量至少1000户以上。其消费习性为消费群稳定，讲究便利性、亲切感，家庭用品、居家副食品购买率高。适合以面包、蛋糕为主线经营。

（3）文教区　其附近有一所或以上的学校，其中以私立和补习班集中区较为理想。消费群以学生居多，消费金额普遍不高，但果汁类饮品、冰品购买率高。

（4）办公区　指办公大楼林立的地区。其消费习性为便利性，在外就餐人口多，消费水平较高，但对家居副食品销售不利。

（5）工业区　工业区的消费者一般为打工一族，消费水平较低，但消费总量较大。

（6）混合区　分为住商混合、住教混合、工商混合等。混合区具备单一商圈形态的消费特色，一个商圈内往往含有多种商圈类型，属于多元化的消费习性。

2. 确定商圈

（1）参照法　即参照某一类似的市场或地区已有的店铺的商圈规模大小确定。这种方法在使用上为了尽可能地接近本店铺所在地区的实际情况，可根据参照市场或地区店铺在经营规模、经营特色上的不同，以及居民人口分布、城市建设、交通设施状况、商业布局等方面的差异，进行合理的修正。

（2）调查法　即通过填写问卷调查的方法，把握所定商圈范围上最远的而且愿意到预定地址购物的消费者的信息，以确定商圈。问卷调查的内容应包括：住址、来店频率（次/周或次/月）等信息。根据收回的调查问卷进行统计，将所收集的最远的消费者的住址在图上画线连接起来，商圈范围就自然展现出来了。

3. 选址

对于一个即将开业的店铺来说，选择合适的地址非常重要。它关系着店铺日后的兴隆，决定着店铺的盈亏。开店选址这一步非常关键，那么开店应如何选址呢？虽然这个问题的决定权不在店长，但是对于店长来讲，也需要简单了解。

（1）要根据连锁店整体经营发展战略来选择地址

①坚持开成本小的社区店，以店铺数量取胜，稳固社区消费者忠诚度，可以称为“步步为营”式。此种战略指导下对社区商圈进行调查比较容易出结果，而且相对会比较真实，数据有一定指导意义。

②以一个面积大的商业区旗舰店，带动周边相对较小的社区店，也可以称为“众星捧月”式，同样也需要进行认真的社区商圈调查。

③只在成熟商业区开店，规模较大，抢占冲动性消费人流。也可以叫做“空降式”。此类发展战略，做商圈调查的难度较大，而且所得数据结果、准确度和可参照性不高，关键在于店铺资源的抢占。

（2）要选取自发形成某类市场的地段　往往街道和市场经过长期经营，会自发形成为销售某类商品的“集中市场”，人们一想到购买某商品就会自然而然地想起这条街、这个市场。因此，在开店选址时，要重视自发市场的好处。一般来说，将店铺开在“物以类聚”的地方，自然顾客较多，“钱途”较好。

（3）要选择有广告空间的店面　有的店面没有独立门面，店门前自然就失去独立的广告空间，也就使你失去了在店前“发挥”营销智慧的空间。这会给促销带来很大的麻烦。

（4）要有借势意识　即考虑把店铺开在大型卖场、医院、商场周围，甚至可以开在它的旁边，通过前者吸引人流。

4. 选址调查需注意问题

（1）店铺门前的场地　选择店铺的地址时，也应考虑店铺正前方是否开阔，要求不能有任何遮挡物，比如围墙、电线杆、广告牌和过大遮眼的树木等。

（2）对客流的特征进行划分

①性别划分：进入饼店购买的还是女性居多，一般为90%以上。

②年龄划分：一般30岁以上，已婚的女性为主。

③特征划分：是否带小孩，他们是否影响购买决策。

④职业划分：学生、上班族、晨练者等。

⑤收入水平划分：可预测交易额。

⑥教育程度划分：教育程度较高的比较注重营养的搭配。

⑦住所远近划分：判断是否可以成为老顾客。

（3）提高店铺的知名度

①努力去拆除店前的遮挡物，使店面显露出来；

②如对店面狭窄而无法改变，就把店牌加大高悬，使顾客在较远的地方就能看到；

③通过电视、电台、报纸、广告牌等新闻媒介，广泛地进行介绍宣传，尽量做到使顾客知道商店的地址、经营的商品，以及商品服务的特点；

④积极参加各种社会福利的赞助活动，以扩大商店的知名度。

5. 选址和商圈调查的参考模版

（1）本城市位置选择　繁华的商业区，靠近著名商场或者与商场在同一栋建筑内；人流量比较大的商务区并有规模不错的商业配套设施；人口密度较大，人口数量较多的高档住宅或者多功能小区。本着这几个方向，应当至少选择三处，并记录下来。注意房屋类型以临街商铺、写字楼、高档公寓底商、商场内部、高档公寓等为目标（至于你选中的房屋是不是可以进行工商注册，请咨询当地工商行政部门）。

（2）候选位置客观评价　我们提供给您一个简单易行的标准：以房屋单位面积租金为基础计算。我们知道一个地区的房屋租金是市场作用最后才定下来的，这是一个客观指标，代表了一个地区房屋和商圈的价值。计算的方法如表 3－1 所示（举例说明，以三个地址为例）。

表 3－1　　同一地区不同地址商圈价值评分表

序号	地址	单位面积房屋租金	打分	备注
1	地址 A	6 元/(m^2·天)	100	基础分最高
2	地址 B	4 元/(m^2·天)	67	基础分第二
3	地址 C	3 元/(m^2·天)	50	基础分第三

是不是房屋租金最高的就是好地方？租金最贵的就肯定挣钱吗？我们在第一条中指出了三种选择，这下面有以下几项分数评定，有加分也有减分，参见表 3－2。

表 3－2　　商圈评价项目自我评价表

序号	评价项目	加减分情况
1	底商或者临街商铺	+10 分
2	周边环境	-10～+10 分
3	交通状况	-20～+20 分
4	500 米内有大型商场	+10 分
5	停车场车位充裕	+10 分
6	周围商业配套齐全	+5 分
7	临近高档社区	+10 分
8	周边饼店超过 2 个	-10 分
9	周边中低档饼店较多	+10 分

这个表格列出的项目不够齐全也不够细致，不过作为自我评价表已经可以起到应有的作用了。把表 3－2 的加分和减分项目分别运用到表 3－1 评价的基础分数上计算，最后的得分就是我们需要的客观评价分数。

（3）候选位置主观评价　这是最后一步。这一步要看看自己的感觉，是否喜欢，是否符合你自己的取向。这个指标量化很简单，你喜欢就加 10 分，没有什么喜欢不喜欢的感觉不加分，不喜欢减 10 分。

提高进店率

一个较好的店铺首要条件就是门前有足够的人流，其次就是如何让这些人流进入自己的店铺，只有让人进店才可称为有效人流，因此就要求店长必须掌握如何做才能最大限度地提高准客户进店率，这是日常工作中非常重要的内容。

1. 店面形象管理

（1）店面形象管理的重要性

①消费者在购买商品过程中有“受到欢迎”的需求 和“感觉舒适”的需求。美国卖场营销研究所的研究表明：消费者计划好的购买行为会受到销售现场各种因素（如店内陈列、店内广告宣传）的影响而改变。

②据研究证实，72%的消费者购买决策取决于销售现场的各种偶然因素，真正的高品牌忠诚度的消费者很少。

（2）建立视觉识别系统　饼店的视觉识别系统又称VI系统，它主要包括以下基本要素：

①商标和商号；

②标准字体，包括中文字体和英文字体等；

③基本色和辅助图案：绿色、黑色；

④名片；

⑤基本设计要素的组合规范；

⑥信封、信笺和便笺；

⑦办公事务用品，包括办公卷宗、档案袋、文件夹、杯、碟、保温瓶、打火机、烟灰缸、夹纸板等；

⑧公关用品；

⑨指示牌、灯箱、旗帜；

⑩门面标识组合：木制“××精点坊”招牌、霓虹灯英文招牌；

⑪产品包装：印制“××精点坊”标识、中英文字体；

⑫识别卡；

⑬装饰物品；

⑭工作制服：如蓝格白色营业员服装、白色裱花师制服（绿色围裙）。

（3）店面形象管理的内容

VI系统的正确理解和规范应用。店面门头、灯箱、背板形象墙、展台、收银台、各种产品包装物、企业宣传照片等，都必须符合企业整体VI标准规范，特别是在标准色、辅助色、LOGO的使用上更要如此（如图3－1）。否则店面的形象会比较混乱，让消费者对品牌的认知发生变化或混淆，当各个连锁店面都发生混乱时，消费者会认为我们的店面并不是一个连锁机构。

2. 店面陈列管理

（1）店面陈列与销售额的关系　中国有句俗话叫“货论堆卖”，意思是说：卖东西堆头越大、东西越多，就越好卖。据研究，超市中的产品陈列面大小与销

(1)　　(2)　　(3)

图3－1　不同风格的店面形象

售额成正比。陈列实际上就是展现、展示，是一种告知，也是一种广告。当我们想提升某一品类产品的销售额时，一个很重要的举措就是增加其陈列面。通过陈列面有两种方法增加某个产品的销售额：一种是单纯增加本产品陈列；第二种是将本产品略做改动成为一系列产品。一般情况下后者效果好于前者。

（2）产品陈列管理技巧

第一原则：规则排列但必须留有空位，看上去已经有客人买过（如图3－2所示）。

图3－2　空位陈列

第二原则：陈列尽量饱满，不要有明显的空货架（如图3－3所示），从消费者心理分析，当消费者走进店面，发现货架空空时，会感觉我们的店冷清并且已经没有可选择性，而选择产品是消费者的需求，也是消费者一种潜在的权利。当消费者第一印象感觉这种需求和权利被剥夺后，已经没有好的心情和耐心再看下去，必然容易离去。

第三原则：最热卖的一定陈列在最里面，必须让消费者走到店面的尽头，才能买到，这样就增加了消费者在店内的停留时间，理论上他们停留时间越长，越

图3－3　饱满陈列

容易购买我们的产品。当然店外潜在的消费群也会感觉我们的店铺人气越旺。

第四原则：价格相近的陈列在一起，千万不能高低搭配，当你高低搭配时不能凸现底价产品的便宜，相反会衬托高价产品更高价。例如：50元、45元、65元、90元的蛋糕陈列在一起，90元的显得很贵，比较难卖掉。如果90元、100元、120元、135元的蛋糕陈列在一起，90元的蛋糕就容易卖出。

第五原则：严禁混乱陈列，当你的产品横七竖八的陈列时，增加了顾客的选择难度，而人们做任何事情都喜欢简单而讨厌复杂。所以混乱而没有规则的产品陈列会直接导致顾客选择困难，甚至连看都不愿意看，更不要说购买。因此，产品一定要有规则的陈列（如图3－4所示）。

图3－4　规则陈列

第六原则：顾客选择购买产品，必然需要一个参照物。据调查，在超市里顾客购买苹果时，第一个被拿起来的往往不会购买，因为它只是一个参照物。所以在不违反第四原则的情况下，同类产品尽量陈列在一起，以增加陈列面，便于客户对比选择。

第七原则："木桶理论"认为系统的管理就是要找到最短的那块板子，并把它延长。而笔者认为店面销售则恰恰相反，我们应该找到那块长的板子，把它尽量地延长，而最短的板子则马上丢弃。也就是说，应该花最大的精力去推广最好卖的产品，最滞销的东西应该马上丢弃，然后开发新产品。基于以上的观点，店面产品的陈列要将最好卖的产品陈列到最好的地方（黄金区域），最不好卖的产品放弃，如果存在种种原因不能放弃，则只用它来充实货架（垃圾区域）。

提示：据观察，若在靠近店门口或者橱窗的地方陈列一个十几层的婚礼蛋糕样品，则店内的生日蛋糕，特别是多层蛋糕销售量会慢慢提升，因为这个陈列是一个广告宣传，试想当每天从店门前走过的潜在消费者，看到此巨型蛋糕时，在脑海中会产生一个印象——这家店是卖生日蛋糕的，这家店有多层庆典蛋糕卖……这个信息留在他的大脑中，一旦有一天他需要购买时，想到的第一家店铺一定是你的。所以为什么我们不在门口做一个极为有效的长期广告呢？还有，饼店门口的卡通形象也是一种企业形象的宣传，这也是我们应该借鉴的因素。

3. 布置设计

开店铺，在橱窗设计上一定要考究，要让过路人驻足观看或者给人留下与众不同的感觉。橱窗设计要讲究及时、突出、均衡、美观、经济的特征。在设计时必须对构图、构思、商品选择及色彩运用等采用不同的表现手法，才能获得良好的宣传效果。例如，图 3 – 5 我们要陈列一款婚礼蛋糕，除了蛋糕外，背景就应该考虑与蛋糕颜色的搭配，以及背景装饰品的搭配。图中用了白色为基调，配上白纱及石雕小天使为衬托来营造纯洁浪漫的婚庆气氛。又如，图 3 – 6 中用了一个泡沫雕的大恐龙及恐龙蛋作为橱窗效果，抓住人们的猎奇心理，从而吸引顾客进店。

图3－5　婚礼蛋糕橱窗搭配效果1

图3－6　婚礼蛋糕橱窗搭配效果2

4. 气味管理

闻到玫瑰花香，我们可以联想到心爱的人依偎在你的身旁，和你甜蜜地聊天。同样，饼店内外的气味对于创造最大限度的销售额具有很大的作用。我们的饼店可以在恰当的时候，如在上班和下班高峰期制造具有奶香味的产品。

5. 统一的着装

统一的着装体现管理的正规，可以说，统一的着装和个性化的产品包装是一种思维的两种结构方法，通过这种一致性能够在消费者心目中形成稳定的消费心理，建立稳定的消费群。卫生、整洁、统一永远是我们抓住市场的基础。

6. 店内卖场设计

红色、黄色是暖色，表达温暖、热情、亲近的含义；蓝色、绿色是冷色，通常用来营造雅致、洁净的气氛。色彩就是这样，能让你眼前一亮或者异常抑郁，能让你内心火热或者凉爽无比，就看你如何将色彩的美丽转化成商业语言，转化成顾客的一种感受。如果应用好了，就能让上帝开心（如图3－7所示）。

7. 音乐设计

快乐的音乐能让人身心愉悦，激情的音乐能让人热血沸腾，低沉的音乐让人

图 3－7　温馨的店内设计

消沉甚至萎靡不振。店铺播放旋律轻柔、舒缓的音乐，以营造浪漫、温馨的店铺气氛，可使顾客留连忘返。卖场的音乐设计要根据品牌定位、顾客类别、顾客的消费心理和喜好来具体确定。举例来说，快节奏的音乐一般运用在店面促销时，而轻柔的音乐用于较高档的店面。

8. 特色产品

很显然，一个具有特色产品的门面是很受消费者追捧的。顾名思义，特色产品就是我们的主打产品。假如我们的店面没有主打产品，店面的竞争力会大打折扣。所以，在开店面的时候，首先要考虑的是我们的主打产品，无论是面包、点心还是蛋糕都可以。

9. 促销

适当的促销会促进消费者的消费动力，提高消费者购买的积极性。我们在组织促销时，应该制定详细的销售计划。比如，促销目标、促销对象、促销时间、促销内容、促销主题、促销的日程安排以及促销评估等。在一些消费淡季，我们可以在门店外搞一些活动，如老年迪斯科、街舞等适合不同口味和群体的有特色的活动，这样既可以拉动消费，也可以提高店面人气，培养潜在消费群。

10. 节令

在节假日增多的情况下，我们应该利用消费者外出或家人团聚的时间，抓紧搞一些与节令相一致的活动，如国庆节特卖、中秋节特卖、情人节蛋糕等。

11. 活跃的卖场气氛

我们的服务应该是亲切而积极的，有顾客时，我们说完欢迎光临后，接着做自己的事，这样可以给顾客一个轻松的环境挑选商品。在没有顾客的情况下，我们也应该按照既定的制度来处理店面的事情。不要认为没有顾客，就各自休息。这样会造成店内没人的假象，令顾客望而却步。所以我们要让卖场时刻充满活力，只有气氛的卖场才具有吸引顾客的魅力，如图 3－8、图 3－9 所示购买气氛活跃的卖场。

图 3－8　场外气氛

图 3－9　场内气氛

12. 环境设计

环境设计除了要考虑门店的特点外，最重要的是店面的整洁。好的环境能让顾客兴趣盎然地浏览产品、体验产品（如图 3－10 所示）；不好的环境会立即让人心情郁闷。

13. 停车场设计

顾客开车购物的比例在逐年上升，所以我们的店铺周围或者旁边有没有停车场，直接影响店铺的销售额。在中国，左转进入与右转进入的停车场相比，后者更好；有通道宽敞、光线明亮、停车方便的停车场，则店铺更能吸引顾客光顾。作为一些黄金口岸的大卖场一定要找有停车位置的地方开店，而且要加强对停车位的管理，要做到停车位干净，路标指示明确，对有重要障碍物的地方设置路障

图 3－10 舒适的环境设计

提示，积水要及时处理，冬天要防止顾客滑倒。一些比较富裕、讲究效率、注重时间观念的消费者，已经将停车是否方便作为外出购物的一个重要参考因素。

14. 灯光的设计

门面的照明有基本照明、特殊照明和装饰照明。基本照明，是为了维持基本的能见度，方便顾客选购商品，但是有效地利用自然光，是节约能源和展示商品的良好光源；特殊照明，是为了突出商品的特质，吸引顾客的注意而设置的店面照明，比如高强度聚光灯；装饰照明，大型门店讲究富丽堂皇，小店讲究简洁明快。

15. 道具的应用

简单而言，就是利用外用物，一般与本店有关系的物品来装饰自己的门面。如麦当劳门口的人像，门口的草坪、地毯、气球、宽屏电视等。

16. 合理的休息区

没有休息区只会降低顾客在店面的停留时间，目前复式店面为了留住顾客，在店内放置了供休息的桌椅（如图 3－11 所示）。这样顾客既购买了产品，又提升了产品的附加值。

17. POP 广告的利用

手绘 POP 是进行广告宣传的有效工具。通过 POP 可以及时、有效地进行广告宣传，如图 3－12 所示。

(1)　　(2)

图 3－11　休息区

(1)　　(2)　　(3)

图 3－12　各种 POP 广告示例

提高成交率

店长的工作中最重要的一方面就是如何通过管理、推销、产品陈列等各方面手段，提升营业额。而提升营业额除了提高进店率外，提高成交率也非常重要。以下是一些可供参考的实战技巧。

1. 销售

作为一个饼店管理人员，要把产品推销看作是一件很有挑战的事情，绝对不可以抱有为难情绪。

销售是在关心顾客的基础上提高营业额的过程。我们通过给顾客留下深刻、美好的消费印象来增加营业额和顾客人数，最终获得最佳利润。以下是饼店常见的面销手段。

（1）掌握面销时机　营销界有句名言：“从顾客拒绝时，才是推销时机的开始”。任何产品的销售与成交时机，都看买卖双方当时的心态而定。饼店服务员在面对面销售过程中，需要具备随时容纳顾客可能拒绝的心态，配合平和而积极的行动语言，才有机会成功展开从接待、洽谈到缔结成交的连贯性推销服务。

（2）了解客户需求　推销活动的开场白，一般要注意顾客最感兴趣的共同点，在理解顾客求购的目的、口味及急切程度后，优秀的服务员通常能适当掌握顾客需求，及早切入重点，迅速引导顾客下决心购买本店的目标产品。

2. 个人成功推销的七大要素

服务员个人的外表魅力、仪态、语调、眼神、产品知识、热诚恭敬态度，和对于产品成交的积极性，是令顾客成交的“七大要素”，请问您及您的店员已经具备了其中几项呢？

3. 分清老顾客与新顾客

顾客的性质有老顾客与新顾客之区分。一般老顾客已经熟悉并信赖本店，因此不太会过于计较本店的服务细节及产品价格。但是，作为店长究竟是否曾经分析过本店“老顾客与新顾客”的上门比例呢？

4. 接待前是关键

接待前需要注意，本店各项措施是否能发挥强大吸引力，其中包括：本店整体外观明亮温暖，产品排列整齐有序，产品标价明显易懂，突出节令主力产品，服务员个人是否令顾客产生不舒服感（例如个人仪容肮脏感）或产生排斥感（例如总是一问三不知）、压迫感（行为举止咄咄逼人，令顾客不自在）。

5. 讲究开场白技巧

服务员面对顾客时的第一句开场白，除了例行的话语：“欢迎光临”之外，很有必要设计一些能够促进顾客第一时间就产生好感的“接待语”。当服务员已经面对顾客时，需要正确迅速判断顾客本身的行动语言，例如：他是老（新）顾客？他想求购什么产品及目的？他对于产品价格接受程度？以上这些关联项目都值得作为开场白的铺垫，为后面产品成交做引导，高明的开场白若能使顾客与产品产生关联性，产品成交率也就自然会提高。

6. 阶梯式奖励顾客

对顾客而言，促销活动可事先预告。例如，一次性购买 10 元自制品，多加 1 元可以获得价值 3 ~ 5 元的自制品。或者是：一次性购买 10 元自制品，可以获得指定的赠品（1 个小面包）；一次性购买 20 元自制品，可以获得指定的赠品（1 条大吐司）；一次性购买 30 元自制品，可以获得指定的赠品（1 个乳酪蛋糕）；在期限内积累（一次性购买 30 元自制品）10 次，可获得一个指定的大生日蛋糕。规划完善的促销活动，自然能在无形中带动顾客不断上门求购，进而达成业绩目标。

7. 对营业员的推销技巧培训

经营者定期牺牲某阶段营业时间，实施有计划的内部培训，可以增强单位人员素养及服务水平。在准备好培训教材后，开始可以推派 1 ~ 2 位能力较强的服务员充当培训老师，依照培训教材实施分组讨论、行动及成果验收，将有效降低单位培训成本，有利于受训人员的学习和理解。

8. 授权给折扣

顾客上门购买产品时，经常会要求服务员给予一点优惠，才会决定是否购买。除开店内已有某些明显的大小型产品促销海报（POP）公布外，否则即使服务员已经被授权可以打折，也决不可在顾客一开口，就很爽快讲“您要买此产品，我可以给你（多少）折扣”的促销语，如此说法一般都会造成反效果。我们宁可在顾客未开口前，就主动提出具体优惠程度，来增强顾客的购买欲。

9. 促销

促销的本质是一种加速工具，专门用来加速销售过程，促使短期和长期的销量最大化。

（1）促销的目的

①新品上市，吸引消费者；

②打击对手，提升优势；

③争夺消费者，拓展市场；

④让利消费者，增加销量；

⑤回馈消费者，提升品牌价值；

⑥创造竞争优势，延长产品生命。

（2）促销的分类　促销形式分为提升销量和提升品牌形象两大类。

①以直接提升销量为主要目标的促销方式：惠赠促销、联合促销（双赢促销）、折价促销。

②以提升品牌形象为主要目的的促销方式：直效促销、服务促销、报纸征文促销、竞答促销、活动促销。

（3）促销的策划与执行管理的三个阶段

第一阶段：基于促销的紧要性。

①外部市场调查：包括面临的威胁和机会分析，竞争者动作分析，市场需求分析，企业、产品的优势和弱势分析，目标消费者的需求、利益分析，消费者购

买决策分析等。

②内部状况分析：包括销售目标完成比例，营销目标差异比较，市场占有率分析，销售人员士气分析等。

第二阶段：基于促销的目标性。

①定义促销的目的：主要是应对威胁、提高市场占有率、应对对手新品上市、为新老客户让利等。

②定义促销的目标：包括销售、销售额、单品目标、客户目标、品类目标。

第三阶段：确定对象、预算和可行性。

①确定促销对象：包括新顾客、老顾客、经销商、竞争对手的顾客。

②制定策略组合：包括奖品、附加赠品等。

其他阶段和步骤：略。

（4）促销的方法

①做好促销前的宣传工作："酒香也怕巷子深"，再好的促销方式消费者不知晓，也只能"胎死腹中"。做好促销前的宣传工作是促销达到目的的前提。

一般而言，一个店面的辐射力因其自身实力的强弱也有大小之分，在店面辐射范围之外的宣传工作只能是浪费钱财，且起不到什么实质性的作用。促销宣传要在店面的辐射范围之内，针对目标消费者进行。

对于实力雄厚的饼店，可运用电视广告、强势媒体，全方位多渠道地向消费者传递信息；而一般的中小店面则无须"大动干戈"，在商店周围散发传单，充分利用店内广播、海报、店招等资源，或者运用宣传车等工具，就能达到相应的目的。时下，不少商店的促销政策"轻轻地来"，又"轻轻地去"，在人群中"惊不起一丝涟漪"，自然也就达不到提升人气的目的。

②巧制促销政策：促销方式的合理与否直接关系到促销效果的好坏，在制定促销政策的时候，一定要先对目标顾客市场进行调查，有一个整体上的把握，然后有针对性地制定相关的政策，这样才能收到较好的效果。

a. 低价吸引：比如，"创意蛋糕店"的老板把一种售价为 200 元的蛋糕，以特低价 80 元出售，消息一传出人们便蜂拥而至，于是蛋糕店名声大振，生意兴隆，门庭若市。这种蛋糕卖出去的越多，看上去是亏空越大，但实际上蛋糕盈利却达到了空前的水平。原因在于前来购买蛋糕的人，认为该店其他产品也是最便宜的，都顺便买了些，而其他产品的盈利远远抵消了蛋糕的亏空。一亏多赢，既创出了蛋糕店的知名度，又赚了钱，蛋糕店可谓名利双收。

b. 发挥附赠品的魅力：又如，在武汉的一家麦当劳店内每逢节假日都座无虚席，这到底是什么原因呢？原来吸引用餐者的不单单是卫生、便捷、可口的快餐，而是对小朋友吸引力更大的玩具赠品，每种玩具都样式各异、创意新奇。孩子们的需求带来了全家的消费，孩子吃乐了，玩具到手了，高兴了，家长多掏一点腰包也是心甘情愿的。快餐店用少量免费赠品带来了丰厚的回报。

c. 集点消费：现在不少饼店推出了会员制，发行优惠卡，当顾客在店里购物达到一定数量时就可以得到一定的返利。如累计购满100元返利20元，购满200元则返利50元，以实物或购物券的形式兑现，吸引了不少的消费者前来购买，并有效地培养顾客的忠诚度。利用集点消费的促销方式关键是要讲信誉，承诺的政策一定兑现，让消费者得到切实的好处。

d. 注意创新：时代在变，但很多商店的促销却是“一成不变”，面对漫天飞的促销广告，消费者对“老面孔”已经不再“感冒”，因循守旧的促销方式已经过时，所以促销方式一定要以新取胜，只有新才有活力，只有新才能更多的吸引消费者的“眼球”。

如今，促销花样越来越多，但只有符合顾客的心理和需求的方式才可能收到良好的效果。一般说来，店面应结合产品的性质，不同方式的特点以及消费者的购物习惯等因素，选择合适的方式，以新取胜，并确定合理的期限。但不管是哪一种方式，促销过程中一定要杜绝虚假，否则损害了饼店的信誉，只能“搬起石头砸了自己的脚”。同时，在促销的过程中，不要忽视中后期的宣传，一方面令消费者感到商家兑现行为的可信性，另一方面引起更多消费者的注意和购买欲望，还有一个重要的方面是增强商店的良好形象，形成良好的口碑，以此换来更多的顾客。

③生日促销：生日促销主要是针对饼店的主要消费群体而展开的促销活动，在于吸引过生日的顾客进行购买。生日促销的方式有多种，比如折让，提供超值服务，在店内举行生日晚会等。这三种方式由于顾客的年龄和偏好会有差别，折让适合于所有年龄段的群体；超值服务适合追求时尚和享受的年轻群体，特别是城市年轻白领，为他们提供专业的服务不但能满足他们张扬的需求，而且还有利

于在他们中间进行有效的传播。

④节日促销：节日促销是饼店最常用的促销方法，促销的手段比较简单但效果显著。节日促销除提供折让、赠送礼品、举行有奖活动外，还可以借鉴生日晚会的方式举行特定的活动等，如在情人节举行情人节晚会，为参加活动的情侣提供特殊的服务，赠送情人节礼品，在参加活动的情侣中挑选最佳情人，由情侣讲述自己的恋爱故事，评选出最动人的片段，由店铺给予特殊的礼品赠送等。也可以将这些情侣的照片或故事进行特殊的装饰，在店铺进行适当的宣传等。其他的节日也可以借鉴展开类似的活动，扩大店铺的影响，吸引更多的顾客来店选择服务和购买产品。例如，元旦、春节时，可在人流量多的大商场里举办大型作品展，以此来扩大饼店的知名度。

⑤日常促销：日常促销主要针对销售淡季或为了维持店铺人气而开展的促销活动，主要还是采用低价策略、折价券、礼品赠送、折扣、积分点券、抽奖活动，如第88位最幸运顾客有奖活动等方式进行。

⑥来店参观：来店参观也是一种常用的店铺促销方法，它不在于直接劝诱顾客进行购买或接受服务，而是通过这种特殊的方式，让平时没有机会深入了解店铺经营的顾客通过对每个细节的参观，感受店铺经营的理念、特有文化、标准化的操作、严格的卫生和质量管理以及高超的制作工艺等，对顾客进行潜移默化的教育和引导，吸引顾客进行持续购买和接受服务。

⑦店外促销：开展店外促销活动是对店内促销的一种补充，是店铺促销活动中比较少用的方法，它对店铺的规模、经济实力和协调公关的能力以及在当地消费者中间的影响力有一定的要求，对所要嫁接的活动也有要求，如嫁接的活动要与店铺的形象协调，参加活动的人群也要与店铺的消费群体协调等。例如，针对某学校开展比赛活动而提供赞助等，要分析店铺与学校的位置距离，店铺的辐射力是否能到达该学校和学生群体，以及这种辐射力能达到多大等，还要分析学生的消费习惯、消费能力、可引导性等，以此来确定是否赞助、赞助的大小、赞助的具体形式和赞助活动的内容等。在赞助活动中，及时跟进，扩大促销的力度和影响力。把店铺的各种经营优势、独特技术和工艺、优惠政策等深入宣传，使参与活动的每个人都能够了解和熟悉。

促销活动的宣传媒体可以选择可利用的杂志、报纸、海报、POP等静态广告手段或者户外看板、车体广告、电视、电台、门市录影带、录音带等动感广告手段来宣传。最佳的宣传效果是动静结合与立体式结合展开，加深消费者印象，诱发消费者的冲动性购物。

⑧其他促销：如借学生毕业联谊会开展促销、向顾客发放上门服务卡、最佳顾客优惠卡等。

10. 技术演示

技术演示是一种难度较大、限制条件较多的促销方法。由于条件、技术的限制和操作不当，小规模、单一的或演示者能力有限的演示活动不仅不能达到演示的目的，反而会招致顾客的疑问和不屑，降低店铺的形象，所以在进行现场演示时必须充分估量自己的各种条件，结合实际情况决定开展与否或开展的规模。

店长必须深入学习以上内容，并且在日常工作中理论联系实践，然后对营业人员进行技巧培训。培训资料可通过学习推销技巧的相关书籍和资料获得。

11. 营业员的沟通技能

通过仔细观察，顾客进入店面后，实际上说话很少，提出的反对意见也不多，几乎千篇一律，因此只要我们细心总结，很容易就能够找到解决办法，以下的内容代表了一些顾客的反对意见，也包含了笔者琢磨出的解除反对意见的方法，有一些甚至需要店长和每个营业人员死记硬背下来。

有了自信、热情、积极心态和专业知识后，沟通能力欠缺也不可能推销成功，沟通实际上就是人与人之间信息传输的过程，当你掌握了信息传输的特点后，表达力和说服力肯定会随之提高。沟通是你与顾客、同事、上级建立关系的桥梁。

（1）顶尖沟通信念

信念一：行为是心境的反应，一个人的行为好不好决定于当时的心态，因此沟通第一信念是把人与心情分开。当沟通对象的心态好、心情好的时候，沟通肯定会顺畅，反之则不然。

信念二：没有不好的人，只有不好的心态。

信念三：倾听对方讲话的目的，而非争辩他们讲的是否正确，也就是说，你只要听出来对方想说明什么问题、想做什么就可以了。

信念四：所有的沟通分成两种，一是表达对你的爱和关怀及分享快乐；二是他们需要帮助。在分辨对方讲话目的时可以向这两方面考虑。

举例：

一天，营业员小李刚打开店门，就闯进来一个顾客，称自己的朋友生日急需一个蛋糕，需要30分钟内做出来，但是这时裱花师还没有上班。于是小李不紧不慢的清点货物准备助销品，她如实告诉顾客裱花师没有上班后，顾客开始比较着急很快就变得非常生气，于是把饼店说得一无是处，在店内大吵大嚷。小李觉得这个顾客不可理喻，因此一场纠纷没有避免。实际上小李与顾客沟通失败的根本原因就是她没有把人和心情分开。这个顾客并不是坏人，平时肯定也不是不可理喻，只是在这个特定的环境下，由于心情急躁而且对本店的期望值很高，认为他来了我们的店就应该能给他解决这个问题，但是结果却恰恰相反，这种失望加急躁的心态最终导致顾客心态失衡。如果小李能够清楚这个问题，她就不会认为顾客是不可理喻，而且也不会表现出不紧不慢的态度和行为。如果小李能够表现出也很着急并且马上帮助顾客寻找解决的办法，结果就会完全不同。因此，沟通之前要分析对方的心态，否则好人也会迅速变成坏人，本来能沟通的也变得不可能。

（2）有效沟通的两大策略

①认真倾听：沟通中不要指出对方的错误，即使对方是错的。表达不同意见时，用“我赞同……同时……”的模式。

②怎样倾听：听顾客说话时要有必要的目光接触，不能让顾客感觉到你心不在焉甚至根本不在认真听。比如，背对着顾客沟通，沟通时走来走去只顾着做自己的事，和顾客距离很远（超过3米）等都是不对的（解释：空间距离远了心理距离也远，沟通起来就很难有共鸣，正确的距离应该在1～1.5米范围内）。要听出顾客的言外之意，例如：有时候顾客说你的产品不好，实际上是认为价格贵了想砍价。倾听时要抓住重点，并且记录下来；记住关键词，不断的要求顾客对自己说的话确认、确认、再确认；必要时要随时做好笔记；倾听过程中不能随时附和顾客所言，例如：对方说完一句话后有些推销人员会紧跟着说“对呀、是呀、应该、嗯、唔……”自己一旦听到有不理解的、含糊的、模棱两可的地方，必须

要提出来让顾客确认。

举例1：

顾客说："今天是我父亲的生日，我在国际酒店定了宴席，十几桌人都是亲朋好友，你的蛋糕要给我做得好一些，我们晚上6点钟开席，蛋糕要在5点给送到，送到时打电话给我妹妹，号码是×××××。"那么营业员要知道：这个顾客需要的是一个做寿用的蛋糕，而且应该比较大比较好看，费用不是太大问题，大约5：30应该是顾客等待的极限，因此，绝对不可以超过5：30送达，当然最好是5点送到，余下的款项要跟他妹妹要，因此现在要记录好已付定金部分，要顾客亲自签名，并且最好现场要求顾客给他妹妹打电话说明情况。

举例2：

顾客：我是你们的老顾客，一直到你们店里买面包，吃着放心，昨天我女儿从这里买了一盒月饼怎么比××店还贵，今天她生日我来看看蛋糕。营业员要想到：这句话的意思很明显——她可能想买个蛋糕，但是认为有点贵了，因为她经常来，所以想便宜点或者想打折。再往深层次理解就是——顾客对产品质量基本没意见，看来根本问题是价格，接下来可能要讨价还价了。

（3）有效沟通的黄金定律　通过模仿进入顾客的频道。我们都知道当一个人喜欢你时，最容易接受你的观点；相反别人不喜欢你时，则较难接受你的观点。

心理学有一个原理，就是所有正常的人都最喜欢自己，同理也喜欢和他一样的人。因此在沟通中，从表情、语气语调、语速、肢体动作等各方面模仿顾客，顾客就会莫名其妙的喜欢你。这一点是有效沟通推销成功技巧的第一步，也是最重要的一步。

如果你能判定顾客的表现类型，那么你接下来就要模仿他，但是要注意，不能让顾客一下子感觉出来你的企图，或者感觉到你在刻意模仿。因此，模仿也要讲求时机和技巧。也就是说对方说话快，你也必须说话快；对方说话慢你说话也必须要慢，对方很自然的做一个动作或者习惯性的做一个动作，你也学着模仿一个和他很相似的动作。如果对方在你的对面，那么在动作表现上，你和她的动作是一致的，就像是在照镜子。在模仿对方时绝对不可以让对方发觉，或者让他感觉到你的动作生硬，另外还要注意不可以模仿顾客的固有缺点，比如：口吃、跛脚、手抖、甩头等。

那么怎样判定一个人的表现类型呢？沟通中人的表现可以分为三种类型：①视觉型：讲话快速、急躁，呼吸较急促，从喉咙呼吸；②听觉型：讲话速度稍慢，声音较小，和人讲话时甚至不看对方，从横膈膜呼吸；③感觉型：讲一句话后有时会想一下，然后讲下一句，讲话速度非常慢，经常会“嗯、啊……”。

（4）信息传输的一致性

①信息有效传输的前提是“一致性”：所谓饼店推销信息传输的“一致性”，实际上就是在你还没有讲话之前就让顾客感觉到整个店内环境布置、产品陈列、营业员的穿着、表情、姿势、动作、礼貌用语、服务程序等信息元素，恰好是一家饼店应该具有的（顾客心里面想象的），当你让顾客感觉到自己想象中的饼店就是这个样子，想象中的营业员就应该是这个样子的时候，一致性就自然产生了。随即会对你产生信赖感，就会莫名其妙的信赖你。

举例：

如果你所在的店面肮脏不堪，灯光灰暗，东西乱扔乱放，甚至还养着宠物，即使店里的产品再好也没有人敢进去，因为顾客不相信这是饼店，或者认为这是一家很差的饼店，信息不一致会导致消费者定位错误或不能定位。我们售卖任何东西都必须和环境相一致，就像在菜市场里不能卖豪华汽车一样的道理。假如你是营业员，但是你没有穿制服，而是穿着前卫，叼着烟卷，头发长长的露在外面，手指很脏，化很浓很艳的妆上班，再好的店面装修和产品，都卖不出去。因为整体传输给消费者的信息不一致，消费者心智理解不了，也分析不透，更不敢相信这是一家好的饼店。一旦消费者产生任何怀疑或不信赖，所有的工作就白费。

②顾客产生信赖感和一致性的前提和基础：作为顾客感觉的好坏与其以往的经历有关系，那些经历可能是在肯德基、饼店、卖场、服装店、酒店等地综合产生的，所以我们在自己休闲逛街时不要忘了走进任何一家店内认真的感觉一下，感觉他们的营业员是怎样开场的，他们的穿着、化妆、动作、言语有没有给顾客一种良好的、协调的感觉，有没有快速建立一致性。反面例证：当我们走进一家店面，心里说“这家店装修还不错，产品也可以，但是怎么找了一些这样的营业员”时，很明显营业员本身的一致性没有建立。同样我们有时也会说“这家店里的营业员服务不错，但是店面太脏了”时，店面的一致性没有建立起来。还有我们甚至会说：“这是一家××店吗？我怎么感觉不像？感觉不太对劲”等，也就

是说没有感觉到一致性和产生信赖感，顾客带着恐惧的怀疑的心情，在没有信赖感的店内买东西，成交的比例会很小。一致性是一切信息传输的前提，作为营业人员必须注意自己的言行配合店内的硬件，建立顾客的感觉一致性和信赖感，让顾客一下子就感觉出：这是一家正规的、可信的、优秀的饼店；或者你的信息让他相信“正规的、可信的、优秀的饼店就是这个样子”。

12. 让顾客感觉自己是重要人物

如何让顾客感觉自己是最重要的人物，可以通过以下几种方式实现。

①尊重。

②真诚的赞美和微笑（正确的微笑是在面部肌肉不僵硬的情况下露出6～8颗牙齿）。

③认真听取顾客的意见，哪怕是很小的意见或者别人提了很多次的意见，甚至是不合理的意见，都必须表现的很认真很重视。

④通过模仿进入顾客的频道（上文已经讲述）。

⑤耐心服务，关照和他一起来的朋友和家人。

13. 向顾客推销的话术

（1）如何反驳顾客的意见　众所周知，每个人在与他人交流时，都希望自己的观点得到他人的肯定和重视，这是人性的弱点之一。由此我们必须明白直接的反驳顾客无助于销售，并且有时会破坏气氛；还要记住：凡是争吵双方都是输家，只会让对方更加坚持自己的观点，尤其是在销售过程中。

举例：

顾客：“这个生日蛋糕太贵了，某某店里同样大小的比你这个便宜好多。”

营业员：“怎么可能，您看错了吧！如果您找到了我把蛋糕送给您。”

分析：这样的回答是很错误的，如果顾客真的看到了，首先会很恼火你不相信他，随后就可能立即愤怒的离开甚至会骂人；更有甚者会提出来带你去看，那时你就真的要送人家一个蛋糕了。

正确的做法应该如下：

营业员：“我相信您说的，同时我不知道他们用的是什么原料，我们的生日蛋糕是用××奶油做的，这种原料是……（营养成分、口感、口味、基础原材料等）。顾客吃过我们的产品后，都认为这样好的产品卖这个价钱一点都不贵，您可以试试。”

注意：请巧妙应用：“我相信……同时……”对话模式避免直接反驳顾客。

（2）真正的推销是“问”不是“说”。请记住一个原则：能让顾客多说话的销售人员的业绩，肯定比顾客少说自己多说的销售人员的业绩好。需要说明的是，在此不是鼓励大家面对顾客都不说话，而是让大家明白，销售是用“问”的不是用“说”的；推销员和营业员要学会提问题！

注意：沟通过程中，推销人员的时间分配应该是：80%的时间倾听顾客说话，20%的时间自己说话；这自己说话的20%的时间里，80%的时间是提问，20%的时间是解释陈述。

（3）怎样向顾客提问

①从简单的问题开始问。

②尽量问对方回答“是”的问题。

③多问有限定性的问题，少问开放型问题。

例如：不要问：“请问您要不要这个？”“您感不感兴趣？”而是应该问：您要这个还是要那个？”“您对这个感兴趣还是对那个感兴趣？”“您对什么样的面包（蛋糕）感兴趣？”“您期望的生日蛋糕价格在什么范围？”“您喜欢鲜奶蛋糕，还是欧式蛋糕或慕斯蛋糕？”“您喜欢甜的还是咸一点的？”

注意：所谓提问的目的就是——通过问问题了解顾客的“关键按钮”。

14. 掌握顾客的关键按钮

（1）什么是顾客的关键按钮　顾客购买的产品的特色实际上就是顾客的关键按钮。也许你的产品的特色有10项，可能只有一项对他来讲是最重要、最有意义的，这一项就是关键按钮。当然关键按钮可能是：价格、质量、品牌、服务、携带方便性、外观等方面的一个。那个最重要的关键按钮假如没有掌握住，其他的都没有用。林肯说过，如果他去法庭帮一个人辩护，要辩护7项，假如前6项没有第7项来的重要，那么他会让对手赢前6项，他只要辩护最后一项就可以了。所谓掌握顾客的关键按钮也是同理。

例如：一个要买蛋糕送给好朋友结婚的人，他的关键按钮是蛋糕的造型漂不漂亮，当顾客知道只有在你这里才能做出最漂亮、最能代表她的心意的蛋糕时，价格、方便性、好不好吃已经是次要的了。因此，抓住这一点不断地提出来，反复的按压他的关键按钮，最终会成交。

可以说，找到并抓住顾客的关键按钮你就成功了80%。

（2）顾客分型与各型顾客的关键按钮参考　抓住顾客的关键按钮，不停的重复，顾客一定会买你的产品！

①家庭型：买的是安全、稳定、实惠。家庭型顾客特点：大多为30岁以上职业女性或家庭妇女，顾家，穿着朴素，稳重，喜欢谈孩子和家庭琐事，花钱很有计划性，不是很大方。

②成功型：买的是品质、品牌体现。成功型顾客特点：大多是30岁以上男性，穿着体面，经常穿着名牌服饰，或带有名牌夹包、钢笔、手机、眼镜或同行者身上也有同样穿着。进店步伐和说话都很自信，或直接走向较昂贵产品陈列位置。对价格不是很在意，产品喜欢要好的，而且总是认为越贵的产品就越好。

③模仿型：买的是时尚、个性感觉。模仿型顾客特点：较年轻，穿着、行为较前卫，饰品特殊有个性，追求个人体验，跟风、追星、追逐时尚。从饰品、手机、发型、背包、说话方式上可以区分。他们对价格并不是很敏感，关键按钮是产品要有个性，跟上时代潮流，喜欢尝试新鲜的东西。

④温饱型：只关注价格低廉。温饱型顾客特点：穿着一般甚至较差，进店后较自卑，与营业员眼神交流较少，说话时很少看营业人员，会直接走到较廉价产品陈列区。对品质、品牌、口味要求是次要的，非常关注价格。

（3）了解并解除顾客不购买的三大理由

①性价比可能不够理想——产品不好、嫌贵了。

②服务可能差——他提的问题你回答不上来，没法给他做专业参谋，认为你不够真诚说假话欺骗他。

③品牌形象、知名度可能不够理想——拿不出手。

有了以上的思路后，怎样把自己需要表达的信息传达出去也是一个问题，非常重要，因此还要学会信息的准确传输。

（4）掌握信息的“单、双”向传输模式　所谓单向传输模式就是传递给顾客的产品信息是一个方面，比如说全是好的信息，绝口不提“不足的、不好的”信息。双向信息传输模式就是既传输好的信息又传输不足的信息。这两种模式要根据推销对象不同而适当选择，有时还要相互转换。也就是说当你发现顾客是一个“理性思维、比较判断能力很强的人”时要尽量使用双向信息传输模式，不要只说自己的产品好，也要适当说出一点无关紧要的不足之处，反之要使用单向传输模式。

（5）正确使用单向、双向信息传输模式

①面对女性尤其是家庭型顾客，要首先使用单向信息传输，也就是说，只谈与我们产品任何相关方面好的东西，不谈不足。

②面对温饱型的客户也是一样采取单向传输方式，她无论说多少不足和反对意见，只当没听见，也不反驳，只是重复自己的产品在价格和其他方面都很合理、很好。

③如果顾客是男性成功型或者看上去有一定文化层次，一般先采取单向型模式，当顾客反对时再采取双向信息传输模式。

15. 沟通中的语言艺术

沟通效果很大程度上决定于语言艺术，丰富的交流会明显提高说服力；通过吸引顾客的眼睛、耳朵和感觉器官，你会得到顾客更多的配合。每个人都有不同的感觉过滤器，例如：一提到面包或蛋糕，有的人在大脑中会出现“面包的样子”；有的人会出现“面包的香味”，有的人会出现“吃面包的柔软的口感”等，因为70%的人是视觉化的确认模式，所以70%的人出现的是面包的样子。电视直销节目传递给顾客的只是视觉化的信息，但是也很成功，就是因为大多数人的确认模式是视觉化的，相反如果是电台经过广播直销就不可能成功就是这个道理。基于这个理论，我们传递给顾客的信息最好是全面的，也就是可以全面刺激人的视觉、听觉、触觉的信息。所有的演说家、政客，所运用的语言都是“全面感觉语言”，否则没有煽动性和说服力。

举例1：您看一下这只蛋糕，用巧克力镶边，使中间的乳白色花瓣更加突出，闻一闻有一种特有的香味，吃上去还会有滑爽的口感，还有粉红色的心形图案能让她想起初恋时的温馨。

换一种说法你对比一下：

举例 2： 这只蛋糕是用巧克力做的，中间有朵花，还有个独特的心形图案。

分析：很明显第一种说法更能刺激人的感官，顾客的购买欲望也会更强烈一些。一般在商业工作中使用的大多是中立的、抽象的语言，比如各种计划书、项目书、商业合同等，但是对于营业人员来讲，应该使用全面感觉语言，它能增进理解、鼓舞人心、激发购买欲望。

注意：对于一个你从来没有见过的人，你要用怎样的语言才能确保全面激发他的感官？

答案是：言语中加入视觉、听觉、触觉的内容。平时必须自觉的加以演练，要把这种训练当成每天必须做的功课。一旦你真正的训练了，你的语言中的说服力和煽动性会突飞猛进的。

16. 有效提高成交率

（1）掌握成交九大时机　作为销售者，如果遇到顾客有以下情景时，则是成交的最好时机。

①突然不再发问时；

②话题集中在某个商品上时；

③不讲话而若有所思时；

④不断点头时；

⑤开始注意价钱时；

⑥开始询问购买数量时；

⑦关心附加服务问题时；

⑧不断反复地问同一个问题时；

⑨挨近营业员，重新拿起商品目录和样品时。

（2）促使顾客尽早成交的技巧

①请求购买法：自信地、毫不怯懦地要求顾客下决心，如：“先生，这是刚上市的新面包，现在正走俏呢，口感好，营养价值高……包装又新颖，现在，我们正在进行打折优惠，先生不妨试一下”。

②选择商品法：提出几点意见，让顾客选择。

③假设顾客要买法：与顾客交谈时不应是："您要这件产品吗？"而应该是："您需要多少？""我什么时间给您好？"

④化短为长法：如强调样式好看，同时强调一分价钱一分货，"我们家蛋糕用的都是很好的材料，好价好货，不要光看价格。"

⑤扬长避短法：强调虽然不好看，但好吃。

⑥价格优惠法：打折、特价或赠送活动。

⑦最后机会法：比如，"物价上涨，再不买价格就会更高"，或者"这些货很难进到，再不买就没有机会了"。

（3）促使顾客及早成交应注意的几个事项

①即将成交时，不要给顾客看新的商品，这样会使顾客改变主意。

②缩小商品选择的范围，不要超过三种商品让顾客选择。

③要确定顾客所喜欢的东西。

参考方法：a. 顾客触摸次数最多的商品；

b. 顾客注视时间最长的商品；

c. 顾客放在最靠身边的商品；

d. 成为顾客比较中心的商品（A 比 B、C 比 B、D 比 B、B 是中心）。

（4）知道顾客的喜爱之物后，应加上一些简单的要点说明。

17. 熟练掌握成交方法

以往商家把成交看作是营销过程的终结，管理者和销售人员每天只想着如何把产品卖出去。但在目前高度商品化的时代，单一的只卖产品的思想和行为已经完全落伍了。店面营业人员，必须具有一种意识：顾客购买产品的选择范围增大了，购买的不仅是产品本身了，甚至有些产品本身的使用价值已经没有多少，而顾客买的是它的象征意义。顾客购买产品时的恐惧感加强了（原因是假冒伪劣和不讲信誉），配合度、忠诚度也就相应降低了，推销的难度上升了。

在这里需要强调的是：成交是一个过程，顾客一旦进入你的店面成交就开始了。如果你把顾客支付前的所有过程都做对了，即使这次他没有购买，下次也会来购买，反之顾客买过一次后就不再进入你的店面，也说明你的成交过程没有控制好。

（1）成交方法的重要性和几个销售理念　成交方法异常重要，作为销售人员不懂成交方法肯定是不合格的。在学习成交方法前，首先必须了解几个销售理念。

①成交从顾客走进店门时就开始了。

②让一桩生意失败的最快的方法是：开价太低！坚决不要说我们的产品（蛋糕）是本城价格最低的；或者当顾客说某某店里的比我们便宜时，我们绝对不可以说“我们也有比他们更便宜的你要不要?”

③顾客买的是产品和服务带给他的一种特定的感觉，比如幸福感、成就感、舒适感、愉悦感。顾客买生日蛋糕实际上不是买蛋糕，是在买生日蛋糕带给他的某种感觉，例如：高兴、幸福、温馨、个性、实惠、有面子、激情、羡慕、愉悦等。

④打消恐惧建立信赖是成交的前提，打消恐惧的最有效的办法是当场比较。当顾客说你的产品价格贵了时，你也可以现场拿产品进行比较，从用料、口感、工艺、香味、卖相、服务、品牌等各方面进行比较。

⑤顾客首先对你产生信赖感才会对产品产生信赖感。

⑥顾客信赖感的产生首先来自于你的所有表现的“一致性”，也就是穿着、言语、行为举止的一致性。

⑦成交是即时的，拖延成交等于放弃顾客。当顾客说“我明天再来”，或者“我先去上班下班后再来”，或者“等等我再来吧”这样的说法实际上就是在逃避。经过实际调查，没有交押金，说这些话的顾客真正再回来的比例不到5%。因此不可以拖延成交，拖延成交就是放弃。

⑧成交的关键是解除反对意见，解除反对意见的手段是说服，而说服是信心的传递，是情绪的转移。

⑨不能成交的两个最重要原因：一是你不能回答顾客提出的有关产品的问题，二是你的回答顾客认为不可信甚至认为你在故意骗他。

⑩销售是一种有趣的心理游戏，并不是一项让人恐惧的、艰巨的任务。

⑪学习成交方法之前最重要的准备是情绪上的准备，其次是产品专业知识上的准备。没有这两手准备学了成交方法也没用。

（2）成交方法之一：怎样让犹豫不决的女客户下决心。

①制造一种挡不住的气氛，80%女性顾客的购买容易受周围人特别是同伴的

影响，因此有时候抓住女顾客还不如抓住她的同伴。另外，80%的女性是凭感觉购买，而这种感觉大多是视觉。因此，在购买之前他们很少像男性一样有一个比较明确的目标。所以，女性顾客的被引导性更强。

②如果女性顾客在你的店里花的钱比她预想的少，那么她肯定不满足，感觉也不好，只有当她花比自己预想的更多的钱时才能够满足，这是一个普遍现象，每一个人都是这样，除非她真的没带足够的钱。

③赞美她的孩子，在部分女顾客面前，不能成交可能就是仅仅因为你少说了一句话“哎呀，您的小孩真漂亮（真聪明、好可爱呀）”。

④介绍产品时注意问小朋友的意见，最好这样问：“喜欢吃这一种，还是那一种呀？”不要问：“喜不喜欢吃这个呀？”

⑤获得小孩的支持进而说服母亲。

⑥看到顾客已经决定买自己想要的产品后，再着重介绍一种适合儿童吃的食品。

⑦必要时给她一点小优惠，但是要声明不是对每一个顾客都这样，只有她是个特例。

⑧要卖给女性顾客希望和想象。因此，要多引导顾客想象买了产品以后在享用时的美好感觉和气氛。

（3）成交方法之二：解除对新产品不信任的反对意见。

举例1：

顾客：“这种面包以前没见过。”

营业员：“是的，我们新开发的产品，是用××面粉、××酥油采取××工艺做成的。”

分析：以上的回答方式60%是正确的，但是缺少了这个产品的口味、口感、营养、产品文化、顾客的评价。

举例2：

（接以上情景）

顾客：“你说的这些原料我们没听说过，好不好吃（产生怀疑）？”

营业员：“肯定好吃。”

顾客：沉默，然后走开（怀疑没有被完全解除）。

分析：营业员的回答“肯定好吃”没有说服力，也没有继续说明，因此有王婆卖瓜的嫌疑。

举例3：

营业员：“所有吃过这种面包的顾客都说口味很好，这个新品种买的人很多，不信您可以买一个尝一尝，您可以看看我们的销售记录，我们每天卖很多的，相信我们绝不会让您失望的。”

分析：实际上顾客不买是因为恐惧、不确定或者是怀疑，这时候你可以适当的给她一个承诺，让顾客心安。也可以传递一个信息：有很多人买过这些产品，让顾客知道买这些产品是安全的。注意：新产品上市需要一个策划过程，但是有时候在店内准备一个干净的托盘，把产品分成很小的若干份，用牙签穿好让顾客品尝是一个很好的方法，如果再加上在店门口有人宣传或者有宣传广告，再放置一本“销售纪录”让顾客看，那么销售量会提升很多倍。

（4）成交方法之三：如何促使青年男女下决心购买（以蛋糕为例）。

①青年人买蛋糕几乎100%不是买蛋糕，而是买蛋糕带给他们的感觉或象征意义。他们追求一种切蛋糕、点蜡烛、许愿、把奶油涂在别人（特别是自己喜欢的人）脸上的热烈气氛和幸福感觉。因此，卖给年轻人蛋糕就必须引导顾客想象那种气氛和感觉。

②卖给青年人蛋糕前最好给蛋糕起一个名字，让蛋糕带有一种文化。例如：酒吧里有一种用牛奶、红酒、柠檬水、樱桃配制的饮料，名字叫“初恋情人”。在酒吧这种十分煽情的场合，有一些年轻人为了这个名字带给他的感觉，而不惜花50元买一杯很难喝的饮料。那么当你问清楚顾客是送给谁蛋糕后，可以给顾客介绍一种和他送的人或场合相适合的名字的蛋糕。

举例1：顾客要送蛋糕给老父亲过生日，你可以介绍“寿比南山”、“松鹤延年”、“寿星蟠桃”、“桃李满天下”、“高风亮节”等任何一款；甚至还可以讲出关于这个名字的来历和故事。如果你做到了，大多数青年男女都会下决心购买。

举例2：顾客要送蛋糕给老婆过生日，你可以介绍：“初恋的回忆”、“浓情玫瑰”、“心相印”、“让爱做主”、“千里姻缘”、“两只蝴蝶”等。

举例3：顾客要送蛋糕给女朋友过生日，你可以介绍：“老鼠爱大米”、“美丽时光”、“白桦林”、“幸运星”、“紫色浪漫”、“朦胧情愫”、“浪漫海滩”、“天下无双”等。

③多数有文化的青年人是比较有个性的，他们不愿意购买那些程式化生产的、千篇一律的、没有创造力的、不能代表个性的产品，因此我们可以采取定制营销的办法，根据顾客的要求设计制作，同时提出一些会带动生日聚会上所有人情绪的建议。

举例1：

顾客：“这个蛋糕上都是花瓣，为什么不能有一点别的？设计的不好。”

营业员：“我们这个蛋糕名字叫‘花样年华’，所以图案都是花瓣，如果您认为有一点单调，您看在这个基础上再加上什么比较协调，更能符合这个名字，更合适？”

顾客1：“行，你看着办吧。”

顾客2：“我看这样吧，把这些花瓣去掉，换成巧克力的。”

举例2：

顾客：“这个蛋糕上都是花瓣，为什么不能有一点别的？设计的不好。”

营业员：“这个蛋糕名字叫‘浪漫花季’，上面的粉色玫瑰花代表的是一种朦胧的爱情，要不再给您配上绿叶，那样可能会更好，送给她时只要告诉她蛋糕的名字，肯定会有一种心有灵犀的感觉。”

顾客1：笑笑，不语（很明显顾客已经默认了）。

顾客2：“我看还是这样吧……”（按照顾客的要求做）

举例3：

顾客：“这个蛋糕上的老鼠不太像，做的不够好，为什么不能做的再好看一点呢？”

营业员：“这个蛋糕名字叫‘老鼠爱大米’，老鼠在这个蛋糕上本来就很小，裱老鼠就更复杂了一些，再说鲜奶油时间一长就会有些变形，这个样品时间长了，有些变形是很正常的。”

注意：当顾客对我们的产品提出批评时，不管我们的产品到底有没有问题，营业员的回答必须避实就虚，不能附和顾客批评自己的饼店，要找出一些合理的理由来说明，或者干脆避开问题谈别的。在以上这个问题的回答中，营业员没有直接回应对方，也没有附和对方，而是找到一个听上去较为合理的理由。

（5）成交方法之四：解决顾客的拖延成交问题。

顾客拖延成交原因有两个：第一，确实现在没有时间或者不方便购买，但是这样的顾客只是少数，大约占所有拖延成交顾客的5%。第二，是一种软性的拒绝，占大多数（背后肯定另有原因，只是顾客不愿意说明）。两者的鉴别很简单：就是让顾客先交一部分定金，前者会配合，后者不配合。实际上软性拒绝的顾客最恐怖，因为你不知道顾客的反对点在哪里，也就无法解除顾客的反对意见。这时候紧急做法是试探性的询问！例如："说真的您是不是觉得价格方面有问题？还是其他的？"如果顾客不直接回答你，你只好根据顾客的行为甚至是表情来判断。记住这时的沉默大多是默认。另外，作为营业员在日常工作中应该有这样的经验：顾客最多的反对意见依次是价格、质量、附加服务、卫生状况等。因此，你可以从概率最大的猜起。请记住：遇到"说什么都好的顾客和什么也不说的顾客最恐怖"，并且当他们稍感受到一点你的"过度推销"时就会毫不犹豫的走掉。

举例：

营业员："欢迎光临，您想买点什么？"

顾客："随便看看"（一直站在蛋糕展示柜旁边）。

营业员："要个蛋糕送人？"

顾客："嗯"（或者沉默）。

营业员："有喜欢的吗？我给您参谋一下？"

顾客："有没有其他样式？"

营业员："很多，您看看我们的蛋糕图册吧，一百多款呢！关键是您要送什么人？不同的蛋糕定位不同的人。"

顾客："我知道"（沉默）。

营业员："如果您送给老人过生日的话，这一款不错，很经典，别的店里做不出来的，这是我们的特色，买的人很多。"

顾客："嗯。"

顾客："价格呢？能便宜一点吗？"

营业员："12寸的蛋糕价格都一样的。"

顾客："你们送货吗？"

营业员："送的，您留个地址和电话，我开订单吧。"

顾客："等等吧，我明天来定。"

营业员："今天和明天定一个样的，您还可以少跑一趟，我们的店开在这个地方很久了，很讲诚信的，绝对给您做好按时送到的。"

顾客："我还是明天来吧……"

营业员："说真的，是不是觉得我们的产品有点贵了？"

顾客：（沉默）。

营业员："过生日一年就一次，生日蛋糕是用来助兴的，千万不要为了省那几块钱买一个不够好的蛋糕，如果您觉得超过了您的预算，您可以买一个 10 寸的，一家人分也足够了。况且我们的定金只要先付 50%，送货到家后再付余下的部分，你放心好了。"

顾客："算了，我还是明天来吧……"

分析：以上的顾客是一种很难推销的顾客，他们对任何问题都没有明确的态度，营业人员只能凭自己的经验来判断，有很多时候也自然会判断错误。一般情况下，最后没有什么明确的反对意见就离开的顾客有以下几个原因：一是顾客确实没有带足够的钱；二是这个顾客是竞争对手来观摩的；三是这个顾客是典型的温饱型，你的产品价格普遍高于他的心理价位。如果是这三种情况也只能放弃了，但是还要给他台阶和面子离开。另外必须说明：成交实际上是解除顾客反对意见的过程，因为我们无法解除顾客所有的反对意见，所以不可能做到每一个顾客都能成交，这是事实。但是我们永远都可以问顾客一个问题，只要顾客回答了问题，我们就去运用知识试着解除这一个反对意见。

（6）成交方法之五：解决讨价还价的办法。

举例 1：

顾客："这个蛋糕太贵了。"

营业员 1："我们的产品一点都不贵。"

（这种应对是错误的）

顾客："这个蛋糕太贵了。"

营业员 2："这个蛋糕是用最好的奶油加上巧克力和新鲜水果等做的，您看造型这么漂亮，您想如果把它送给过生日的朋友时，他们的感觉会有多好，我敢保证他们会赞不绝口！俗话说便宜无好货对吗?”

顾客：“嗯”（或者沉默）。

营业员2：“市场上也许有和这个蛋糕一样大又便宜许多的，那么我敢说它的用料、口味、造型肯定没有这一个好。过生日一年只有一次，为了省那几块钱，送一个不好的蛋糕得不偿失，我相信你肯定愿意送给她一个能让她惊喜的蛋糕，对吧?”

分析：第二个营业员的方法是用的“给他不买的痛苦再给他购买后的快乐”的理论，促使对方下决心购买。同时运用专业知识，把自己塑造成蛋糕专家形象。

举例2：

顾客：“这个蛋糕太贵了，能便宜点吗?”

营业员：“您是要送人，还是自己家的人吃?”

顾客：“就我们一家5口人，是小女儿过生日。”

营业员：“那就要一个欧式的，漂亮又好吃也不大，8寸就够了，够5个人吃的就好了，太大了多花钱也是浪费对吗?”

顾客：“对!”

营业员：“那您看看我们欧式蛋糕的样品，这几款哪一款您喜欢?”

顾客：“就这一款吧。”

分析：以上的营业员很聪明，他知道顾客说“太贵了”是口头禅，他没有直接应答顾客的问题，而是采取迂回策略，表面上从为顾客着想的角度让顾客少花钱，争取顾客的信赖，实际上8寸欧式蛋糕的价格比10寸甚至12寸鲜奶蛋糕的价格要高。记住迂回策略最关键的一个做法是问他一个一定会回答“是”的问题。

（7）成交方法之六：解决说质量不好的办法。

举例1：

顾客：“这个蛋糕质量太差!”

营业员：“对不起，您是指哪方面差？口感、味道、还是样式?”

顾客：“口感不好。”

营业员："这种蛋糕是用××牌植脂鲜奶油做的，在这个价位看来还是很合算的，它有一个好处就是吃了不腻。可能它的口感、口味比这一种（价格当然是高出许多的）差一些，这种使用乳脂奶油的味道就好很多了。"

顾客："这一种要贵很多呢！"

营业员："蛋糕一年才买一次，大多数顾客都不在乎多十几元钱买质量好、口味好的蛋糕，如果您很在意口感我建议您买这一种，如果您想吃口味清淡一点的就买那一种好了。"

分析：顾客一旦提出质量问题，营业员做的第一件事就是要确认顾客不满意的具体方面，因为一个人不可能对一个产品同时产生多个主要反对意见，知道了顾客的真正反对点，才有可能解除。无论怎样解除最后的方法就是一个原则：让顾客自己选择你提出的两个或三个建议。

举例 2：

顾客："这个蛋糕做得太难看了，这店里有没有一个好看一点的蛋糕？"

营业员 1："对不起，每个人的审美观都不一样，您说对吗？可能这些蛋糕的款式有一些保守、传统、没有个性，我们店里有裱花师傅，您可以提一些具体的要求或者自己设计，我们当场给您做，这样不光造型您满意而且更新鲜。"

营业员 2："对不起，每个人的审美观都不一样，您说对吗？如果您要送给朋友（家人）最好是送一个她最喜欢的，您说对吗？再说蛋糕是要吃掉的，您说对吗？这个蛋糕闻起来的味道、吃起来的口感都非常好，因为是用××做的。"

如果以上两者都没有解除反对意见，估计顾客可能会离开时可以再这样说：

营业员 3："谢谢您的意见，下一步我们要改变款式，可能越有经验的裱花师傅越是喜欢做自己顺手的款式，这样吧，为了让您买到 100% 满意的蛋糕，我给您介绍一家饼店在××地方，可以××走（当然是介绍离本店最远的那一家），附近其他几家想必您也见过，除了我们用的原料更好一些外，款式和我们的差不多。"

分析：营业员 1 的方法可以完全解决顾客的反对意见，前提是顾客说不好看是真的而不是在为砍价找借口。

营业员 2 用了概念分离的心理游戏巧妙转移焦点，如果顾客的话是真心话，有时候并不能完全解除反对意见。但如果是借口，可以把顾客引到谈论质量上来，再用上面的办法解除反对意见直到成交。

营业员 3 利用感情攻势，如果顾客只是发发牢骚，这种说法有效度较高，通常大多数人都不太愿意跑很远的路去买蛋糕，因为蛋糕较软并不是很容易携带。感情上一旦拉近距离顾客就接受了你本人；接下去就是接受产品。实际上这是一种非常巧妙的做法，多数情况下会挽回那些看似无望的顾客。

提高回头率

提高回头率，除了前面我们提到的在实际的买卖中遇到的问题外，还有一些需要注意的售后服务问题，把这些问题很好的解决后，也是我们的顾客再次光顾店面的理由。

1. 给顾客一种满意的服务

（1）当顾客拿着在保质期内发霉的糕点回来投诉的时候，我们应该怎么做？

这种情况在夏季会出现，应该马上向顾客道歉，解释可能是因为天气太热的缘故，并为顾客换一袋或挑选同等价格的其他产品换给顾客。可这样对顾客说："不好意思，由于现在天热，糕点比较容易变坏，买回去最好放到冰箱里保存。我现在帮您换一个，请一定要记得放冰箱。"当顾客说已放冰箱的时候，我们说，"对不起，我马上帮您换一个，多谢您反映这个问题，我们会认真检查原因，找出解决方法，以后不会再有这种问题发生了"。

（2）当顾客拿来一袋昨天日期的面包问是否是新鲜的时候，我们如何回答？

我们可以这样说："在保质期内的面包都是新鲜的，您放心食用吧。"

（3）当有蛋糕迟到半小时，但客人要求准时取货，无论我们怎样解释都不接受，要求我们赔偿的时候，我们怎么处理？

首先是向顾客道歉，在蛋糕要迟送来的时候，要提前打电话通知顾客叫他晚点来取，若顾客已经来到应该用抱歉的语气说，“真是不好意思，因为今天蛋糕特别多，耽误了您的时间，十分对不起，要么蛋糕做好后由我们送过去如何?”若顾客不接受，一定要求退款或赔偿，那只有将定金退还给顾客。我们平时在给顾客订蛋糕的时候就要注意将取蛋糕的时间尽量延长一点，特别是一些节假日期间。

（4）当有顾客停放在店门口的车辆丢失时，我们怎么处理?

顾客进门时没有通知我们的服务员看管的时候，我们是不承担责任的。我们能做的只是安慰顾客和协助报警。

（5）顾客手持点心或者蛋糕在门口不小心跌烂食品时，怎样处理?

顾客的失误，我们可以帮助顾客修补蛋糕。

（6）若有顾客说他已是我们产品的长期顾客，有什么特别优惠时，我们如何回答?

我们应该礼貌地说：“不好意思，饼店有什么优惠我们会最先让您享受到，请放心”，或者“我们现在的价格都是平价，已经很低的价格了。”

（7）当顾客说别的店铺的品种比我们的多时，我们如何处理?

对顾客说：“谢谢您的意见，但我认为我们与别的店铺是各有特色，别的店铺有的品种我们可能没有，但我们有的品种别的店铺也不一定有，不信您尝一下我们的这种点心，这在别的店铺是没有的。”

（8）当顾客拿一张100元买我们1元的产品，要求我们全找10元的零钱，而我们没有这么多散钱，银行又已经下班时应如何处理?

若没有这么多散钱，只有叫顾客晚点过来，等我们收集够散钱再跟顾客换。

（9）当顾客说我们的产品贵的时候，我们如何处理?

我们可以向顾客解释我们的产品同其他店铺相比，无论用料还是质量都会好过别人，可以请顾客自己做一下比较，证明我们饼店的产品是很实惠的。

（10）当顾客从产品中吃出杂物的时候，我们如何处理?

“对不起，请问您有没有将产品带过来，我能帮您换一个，真不好意思，让您吃到这样的产品，多谢您反映的情况，我们会认真检查生产的各个环节，保证不会出现类似产品。”

2. 塑造忠诚顾客

社区店面营业额的80%来自于20%的忠诚顾客，塑造忠诚顾客只有以下3个方法：

（1）垄断经营，没有其他竞争对手。

（2）你的产品和服务特殊，只能在你这里才有，别处没有。也就是说：你的服务和产品要比别人好一点，哪怕是一点都可以。

（3）集中精力打造自己店的核心产品，使其成为本店的代名词（如：烤鸭必想到北京全聚德）。

3. 扩大现有客户群

（1）要求客户转介绍　请记住：每个客户的背后，都隐藏着49个客户。每次客户购买你的产品后，千万不要忘记提醒他，介绍他的朋友来购买需要的产品。多说这一句话的结果是销售额的提升。

（2）转介绍的几个注意点/怎样做顾客转介绍

①顾客认可产品或购买产品后才提出要求。

②确认顾客真正信赖你后才提出要求。

③要求顾客帮助介绍与他生活状态类似（工作环境、收入、学历、地位、购买能力等）的准顾客（一般可以提醒他介绍自己的亲戚、朋友、同事、同学、邻居等）；

④如果有必要的话，最好当场电话联系（一般很难，除非这个顾客完全信赖你）。

4. 运用个人宣传广告

（1）店长给进店顾客发放名片宣传自己和店面。

（2）在潜在顾客较多的小区里散发传单和DM。

（3）店内发放宣传资料。

（4）每周六、日下午2~4点时段抽出一个营业人员，带上扎带提一个20寸蛋糕盒，扮成送蛋糕的人员在小区内出现1小时。

（5）每次在送蛋糕给顾客时要多向不相关的人询问怎么走，用此方法可间接的让更多的人知道店面的品牌。

（6）可以定期的给店里留有档案的顾客发些温馨的问候，提升顾客对店面的忠诚度，同时也增加介绍率。

5. 掌握合理技巧与方法对店面进行营业分析

（1）进店人数　突然不正常的明显下降。可能原因：恶劣天气、出现品牌或公共信任危机事件、附近竞争性店面开张、市政建设影响等。如果是缓慢下降原因就比较多，与人员服务水平、产品花色质量、店面装修老化、周边商圈变动有关。

（2）购买率　实现购买的客数/进店客数 = 购买率。突然明显的购买率变动的可能原因排序：产品价格突然较大幅度变化，产品品质逐渐下滑到顾客忍受临界点以下，产品僵化老化没有新产品，淡季（夏季）气温明显升高。缓慢变化的原因最主要的可能性是服务水平下降和产品问题。

（3）平均客单价　实现购买的客户平均每次消费数额；总销售额/总客单 = 平均客单价。在进店人数和购买率两项没有明显变化的情况下，平均客单价明显下降可能原因：①营业人员士气下降或心态变化，往往是由主动推销、热情服务转变成冷眼旁观；②产品僵化没有创新，消费者已经吃腻了；③周边商圈变动等。

（4）退货率　退货总额/进货总额 = 退货率。通常情况下各饼店都有自己的明确规定，影响退货率变化的因素非常多，最主要的可能是以下几点：①新开店面需要充货架；②店长要货没有掌握销售规律；③天气变化因素没有预先考虑；④促销时段预定单日销售目标过高等。

（5）其他指标　如月度投诉数量、投诉原因、店面水电消耗量、人员工资总额（店面月度人力成本）变动等指标店长也需要精确掌握，找到规律，出现不正常变化苗头时就需分析原因并马上改进。

总之，店面营业分析非常重要，数据整理并不困难，只要用心去做，随着时间延长，就能对店面的运行规律了如指掌，管理起来也就得心应手，甚至可以做到“未卜先知”，同时也就树立了个人的威信。

店面销售的应对妙语总汇

作为店面销售主力军的导购人员，他们的一言一行都会直接影响店面销售业绩的好坏，更有的会给店面的整体形象蒙上一层灰色的面纱。如今，店面营业人员的流失变得非常常见，这就注定了我们大部分的店老板都在无奈的用一批未经过训练的营业人员为自己的店面效力，而这批未经训练的营业人员，如同一批“杀手”，帮着对手饼店将自己杀死，因为他们不专业，没有办法熟练地解决顾客提出的质疑，无法有效地引导顾客正确消费。事实上，我们的导购人员的每句话、每个提问都直接关系到我们的营业额高低，以及口碑的好坏。俗话说：“营业员的一句话可以让顾客跳，但是我们导购说好一句话又会让顾客笑”，所以我们为了让每个新进的营业人员能更正确地说好每句话，留住每一个来店顾客，我们要积极地总结更多经验，同时还要掌握一定的询问技巧和原则，以及部分店面常遇问题的巧妙回答以供借鉴参考。

1. 和顾客沟通的基本原则

（1）赞美原则　作为服务行业的从业人员，和顾客接触沟通是每天必行之事，那么我们如何让自己和顾客之间的沟通氛围更轻松呢？这是每一位从业人员都在苦苦寻求的，事实上要达到这种氛围，我们必须要学会赞美别人，将赞美别人养成自己的一种习惯，让它成为我们的一种服务技能，我们要切实的知道赞美是打开成功销售大门的钥匙。

（2）适应原则　如果服务人员要想使自己说的话符合语言规范并不太难，但怎样使自己说的话符合语境的要求却要十分留心，事实上服务语言的表达更要适应语境，即适时、适地、适人、适情、适度，只有做到这些，服务语言才可以说的得体，才能起到语言的效果。

（3）简明原则　服务语言的简明原则，要求服务人员从恰当选词、长话短说、短话精说，做到通俗易懂、紧扣中心，提高服务效率。

2. 和顾客沟通时必要的三个问法

（1）要问一些简单的问题　当顾客初次光临本店时，我们为了能很快拉近与顾客之间的距离，所以我们开始时要问一些简单的问题，便于顾客回答。

例如：①您要什么蛋糕啊？

②您平时喜欢吃什么口味？

（2）问“是”的问题　当顾客和我们已经可以轻松沟通后，我们就可以进一步让消费者产生共鸣，所以我们要以一种带有让顾客说“是”的问句，这样顾客就会感觉到和我们产生共鸣，消除顾客的防范意识，为下一步的沟通打下基础。

例如：①产品质量比其他的更重要，是吗？

②现在的家庭在吃蛋糕时，已经由单纯的漂亮，转向了要吃得健康，您说是吗？

（3）二选一的问题　能得到顾客认同后，我们就要进一步的引导他们消费，所以我们此时要用带有选择性的问题来引导消费。

例如：①您是喜欢吃蛋糕呢，还是面包呢？

②您是送人的，还是自己吃呢？

3. 店面常遇问题的巧妙回答

（1）当顾客对我们产品质量提出异议的时候我们如何回答

案例：你们的产品质量不是太好吧？

错误的回答：

①您这样说我就没办法了！

②您放心吧没问题！

③笑而不答。

④如果我们产品有问题，我们就开不下去了！

正确的回答：

①是的，我懂，我们非常理解顾客的担心，所以我们会用真正的质量来获得您的信任，而这一点我们很有信心……

②肯定不会！我们的产品质量在这口碑很好，回头客也多，所以这一点请您放心，保证您买的安心，吃的放心。

（2）当顾客选完后又不要了我们如何回答

案例：当顾客准备买某个产品，但又放弃并且说：“我不需要了，我再看看。”

错误的回答：

①好吧，您再慢慢看，有需要您再叫我。

②好吧，那就随便您！

正确的回答：

①那好吧！既然您没兴趣，我们也不会勉强您，只是我想了解一下哪方面的问题让您不需要了？

②那好吧！您能告诉我们让您不需要的问题在哪吗？我们会进一步的改进，以便给您提供更好的产品。

（3）对于喜欢挑战店规的顾客我们如何回答

案例：当有顾客在我们店内抽烟，我们该怎么说？

错误的回答：

①先生，这是本店的规定，请您不要抽烟！

②先生，按公司规定您不可以在店里抽烟！

正确的回答：

先生，对不起，本公司为了您及其他顾客的健康，希望您能委屈一下，暂时不要抽烟，谢谢。

（4）正确处理顾客问价

案例：当顾客问某个蛋糕价格时我们该怎么回答？

错误的回答：

①××元。

②现在打折下来××元。

正确的回答：

①价格一定会令您满意，我们先看看您喜欢哪一款，何况蛋糕主要还是看质量及口味，您说是吗？

②价格一定让您满意，我想知道您是做什么用的啊，是……还是……用的啊，因为……

（5）当顾客说产品太贵时我们如何回答

案例：当顾客看中某个产品时说价格太贵了，我们怎么回答？

错误的回答：

①这个价钱还嫌贵？

②我们这里是不讲价的！

③那您说多少钱才不算贵呢？

④不贵，比××饼店还便宜很多呢！

正确的回答：

①是的，我懂，如果单看标价，确实会让您有这种感觉，只是我要跟您说明的是，我们的价格比较高的原因，是因为我们有较高的产品质量，所以我们才有您这样的回头客，您说是吗？

②是的，我能理解您的感觉，我要跟您说的是我们店的宗旨就是以质量求生存，所以在选材上要求非常严格，比如说……

（6）当顾客讨价还价时我们如何回答

案例：当顾客看中某个产品的时候说："不能便宜一点吗？"

错误的回答：

①我也没办法！

②不可以便宜的！

③这是公司规定。

④不好意思，这个价格已经很优惠了。

正确的回答：

是的，我懂！因为我们都希望用最便宜的价格买到最好的产品，我们真的很抱歉，在这一点上还能希望获得您的谅解，我们为了给顾客提供优质的品质，所以在选材上就很讲究。

（7）当老顾客讨价还价时我们如何回答

案例：当我们的一个老顾客说："老客户了，都没有优惠吗？"

错误的回答：

①不好意思，我们这里老客户、新客户都是一样的价格……

②您是老客户了，应该知道我们的规定啊！

正确的回答：

很谢谢您这么长时间的支持，我们真心希望能获得您的谅解，由于我们更注重的是产品质量，这不就是您一直支持我们店的原因吗？

（8）当顾客买一个蛋糕时说价格比预期的要高时我们如何回答

案例：当一个顾客在买一个蛋糕时说："这比我预想的要贵"，我们怎么说？

错误的回答：

①不可能吧？

②您那个价格买不到蛋糕！

③没有卖的比我们还便宜。

正确的回答：

您本来预计多少钱啊，原来如此，不过只相差一点点，但我们的质量一定会让您满意，再说一年也没几次，我们买吃的产品还是质量第一，您说是吗？

（9）当顾客说别人家的产品和我们一样，但价格却比我们家便宜，我们如何回答？

案例：有顾客在买我们蛋糕或其他产品的时候说：“你们家比隔壁那家贵，人家和你们家一样尺寸的产品比你们便宜多了”，我们如何回答？

错误的回答：

①我们店还有比他便宜的，您要吗？

②我们的产品质量比他们要好得多。

③他们没有我们名气大，他们是小店。

④你明知道他家便宜，还到我们这买！

正确的回答：

①是的，我们两家是有些产品价格悬殊，那是因为我们在原料的应用上比较严格，我们的生产规定必须是按配方上的材料不可以随便替换，您经常吃应该感觉到是吗？

②是的，我们两家的产品在价格上是有悬殊，因为我们要给顾客和别家不同的品质及特色，所以我们的原材料选用以及制作工艺也不会相同，这不就是您一直支持我们店的原因吗？

（10）当看出顾客要定蛋糕时我们如何开场

案例：当导购员看出顾客要定蛋糕时或顾客直接说要定蛋糕时，我们如何开场？

错误的问法：

①您要买多少钱的呢？

②您要多大尺寸的啊？

③您是要贵一点，还是便宜一点呢？

④您是要大一点，还是小一点的？

正确的问法：

①请问，您有多少人吃啊？

②您是自己家吃，还是送人呢？

③您喜欢水果蛋糕，还是花卉蛋糕呢？

④您是大人过生日，还是小朋友过生日？

（11）当顾客进店后我们如何和顾客做语言接触

案例：顾客进店后，当我们说完欢迎光临×××店后，我们应该如何继续呢？

错误的沟通：

①您要些什么啊？

②您要买蛋糕吗？

③这是我们的新产品您要不要买点啊？

④您随便看看！

正确的说法：

①您的……真漂亮，在哪里买的？

②您的小孩真可爱，上几年级了？

③您真会搭配衣服，您学过的吧？

④您今天需要点蛋糕还是面包呢？

（12）当有新品上市时顾客对口味、质量产生疑惑时如何应对

案例：当我们对顾客推荐我们的新产品时，顾客问是否好吃时我们如何回答？

错误的回答：

①好吃，我们保证好吃！

②好吃，不信您买一次尝尝看！

③我们质量绝对好，所以口味就不用说了，一定会很好。

正确的回答：

①这个产品是用××材料、××工艺、是××口味、口感很好，您可以买几个尝一下！

②很多回头客都说味道还不错，有的顾客这几天总是来买这个产品，要不您

也买几个尝尝！

（13）当顾客已经决定购买蛋糕，在选择图样时我们导购如何推荐？

案例： 顾客在决定购买时对导购员说："你们有哪些样式啊？"

错误的回答：

①您看有这么多款式，您随意挑吧！

②就有这几种，您随便选一个吧！

正确的回答：

①您喜欢什么颜色呢，红的还是黄的？如果是红的，是这款还是那款呢？

②您喜欢水果的还是花卉的呢？是喜欢黄桃还是喜欢猕猴桃呢？是这款猕猴桃的还是那一款呢？

③您喜欢玫瑰花还是喜欢百合花蛋糕呢？是百合花多的这盒还是少的那盒？

（14）当顾客对某个产品口味提出疑问时我们如何回答

案例： 有顾客向店员反映我们的某个产品不如以前好吃，我们应该如何回答？

错误的回答：

①不可能的，我们的产品质量一直很好。

②您有没有记错啊？很多顾客都说好吃啊！

③对不起，有可能我们的师傅回家了或疏忽了！

④对不起，我们这阶段订单特别多，所以有可能有点变化。

正确的回答：

①看来您真是老顾客，产品的这点变化您都能感觉到，是因为这阶段我们对几种产品做了适当的口味调整，可能调整后的产品不太合您的口味，您觉得哪一点不如以前了，我们可以向公司或师傅反映，以便给您提供更好的产品。

②不好意思，我们的产品这段时间做了部分改进，可能您更喜欢以前的口味，我们会向公司或师傅反映的，以便让您买到称心的产品。

（15）当顾客对营业员所介绍的产品提出疑问时我们如何回答

案例： 当我们的导购人员说产品口味如何好的情况下，顾客说："你的产品真有你说的那么好吗，你不要王婆卖瓜，自卖自夸啊！"

错误的回答：

①不会的，我们产品真的很好！

②我保证没有夸大，产品真的非常棒！

正确的回答：

不会的，因为我们的产品使用××材料、××工艺，很多顾客反映都说很好吃，您可以少买点试一下，我相信您会喜欢这个产品的，吃好了一定要帮我们宣传啊！

（16）当顾客谈了很长时间要求降价时，我们如何回答

案例：顾客说："我已经谈了这么久，你们就便宜××元吧！"

错误的回答：

①不好意思，这已经是最低价了！

②不好意思，这是我们公司统一价！

③不好意思，我们这里从来不讲价！

正确的回答：

女士（或先生），我知道您的心情，价格固然重要，其实关键还是要看质量，您觉得食品是价格重要呢，还是质量重要呢，您肯定会说质量重要，所以多花几十元钱买的是一个放心，您说是吗？

（17）当顾客说我们的店铺不太有名，他从来就没听过并提出异议时我们如何回答

案例：当有顾客来到我们店后说："你们是才开的不，你们不是太有名气啊，我从来就没有听过！"

错误的回答：

①是吗，我们开了好长时间了！

②是吗，我们在这行业里还不错啊！

③我们的确是个新开的，没什么名气，当然知道的人就少啊！

正确的回答：

哦，真可惜，这都是我们的错，不过没关系，今天刚好您来了，可以先了解一下我们的产品的质量，我来帮您介绍一下……接下来还是用赞美的策略。

（18）当有新产品销售时如何开场

案例：当一个顾客进店后，我们如何对他销售新产品呢？

错误的推荐：

①您好，这是我们的新产品，很好吃，您要带点吗？

②您好，我们有了新产品，您要来点吗？

正确的推荐：

①您今天真巧，现在我们刚好出了几个新品种，而且口味非常适合您，来，我来给您介绍！

②您眼光真好，您选的正好是我们刚推出的新产品，而且用了特殊材料，吃起来口味、口感都会很特别！

③您眼光真好，这个产品是我们刚推出的，有很多顾客都说好吃，您要不要品尝一下呢？

（19）促销活动中的销售妙语

案例：当我们对某个产品进行促销，如何和顾客说？

错误的说法：

①您好，我们现在这些产品都在打折出售，您要买点吗？

②您好，我们的面包便宜了，买一送一！

正确的说法：

①您好！张女士，您真是太幸运了，我们店里正好在做促销，现在买是最划算的！

②您好，欢迎光临×××店，您真幸运，现在本店优惠酬宾，买二送一。

③您好，欢迎光临×××店，您真幸运，现在优惠酬宾，全场八折。

④您好，欢迎光临×××店，您真是太幸运了，我们全场优惠酬宾，凡购买248元即可送精美礼品一个。

（20）当顾客想买某个产品但觉得产品贵我们就可用“如同”的句式

案例：当顾客要买一个多层蛋糕时，觉得价格太贵我们怎么说呢？

错误的说法：

①这个不贵啊，它这么大，我们都不挣钱。

②这么大蛋糕一点也不贵，你搞错了吧？

③这么大蛋糕在别的店里要的价，比我们贵多了！

正确的说法：

①这个过寿蛋糕需要 880 元，如果您只看价格会觉得稍微有点高，但因为这是过寿用的，过寿是人生中的一大喜事啊，实际上我们每天只要少花 3 ~ 4 元钱，如同每天少抽一包烟，不要几个月我们就可以将这次宴席做的非常气派啊！

②这个浪漫的婚庆蛋糕只要 2168 元，只要一年时间，每个月才 100 多元，一天只需 5 ~ 6 元钱，如同吃个盒饭，我们就可以让我们的结婚气氛更浪漫，多好啊！

（21）当顾客觉得我们的积分卡没有多大作用时，我们如何回答

案例：如果一个顾客买了我们一定金额的产品，我们送他积分卡时顾客说："我要那个没什么用，你能直接换成折扣吗？"

错误的回答：

①不好意思，我没有这个权限。

②哇，您可真会算！

③我们以前都没有积分卡，现在有积分卡，您算讨巧了啊！

④不可能！你要就要，不要就算了！

正确的回答：

对不起，我们的积分卡/赠品都是在商品正常的价格基础上额外服务顾客的，因为您对本店的长期支持就当做公司送您的礼物，再说您留着积分卡或礼品以后……（说说积分卡对其好处）。

（22）顾客对产品的数量产生异议时，我们如何回答

案例：当顾客进店后看了看说道："你们家东西有点少，没啥可选的！"

错误的回答：

①已经卖得差不多了，平时是很多的。

②怎么会少呢，产品够多了。

正确的回答：

是的，您很细心，我们的产品的品种确实不是那么多，我们店主要是走精细化路线，我们的要求就是做到少而精，争取样样有特色，我帮您介绍一下吧，请问您平时喜欢吃甜还是咸呢？喜欢面包还是蛋糕呢？

（23）当顾客对产品的新鲜程度提出疑问时，我们的应对方法

案例：当顾客拿着一个昨天生产的产品问是否新鲜我们的回答。

错误的回答：

①是昨天的，还好吧！

②是新鲜的，只不过是昨天生产的。

正确的回答：

①新鲜的，在保质期内的产品都是新鲜的，不新鲜的产品我们是绝对不卖的，您请放心吧！

②新鲜的，我们绝对不卖过期产品，这是我们的经营宗旨，您可以放心食用。

（24）顾客拿着产品到店里投诉时我们如何应对

案例：当顾客说店里的苍蝇这么多时，我们如何回答？

错误的回答：

①天气热，我们也没办法！

②这么热的天，面包又甜，哪家都会有苍蝇。

③我们已经尽力打了，但是打不完，不过比之前少多了。

正确的回答：

①谢谢您的意见，我们会很注意的，我们会尽快采取行动来防范它。

②谢谢您的意见，我们一定会改进的，您今天想买面包还是蛋糕？

案例：当顾客说在产品里吃到异物，但产品没带来时，我们的回答方法。

错误的回答：

①不可能的，我们的产品卫生要求都非常严格。

②不可能的吧？您的产品呢，如果没有产品我们也没办法！

③对不起，我们知道了。

正确的回答：

对不起，请问产品带来了吗？我帮您换一个吧！因为顾客没带，我们说："真的不好意思，如果您带来我们一定会帮您换一个的，不过还是感谢您反映的情况，我们以后会认真检查每个环节的，确保以后不会再发生此事。"

思考与练习

1. 饼店常见的面销手段有哪些?
2. 如何增加营业额?
3. 什么是商圈?
4. 作为投资商，你如何选址?
5. 如何进行店面陈列管理?

第四章　安全与紧急应对

安全是我们对员工和顾客的承诺。我们要找出并纠正安全隐患，为饼店的正常营业创造一个良好的环境。

1. 火警和防火措施

若有火警发生，必须采取下列措施：

（1）立即报警；

（2）在可能情况下，用适当的灭火器，但以不危及生命安全为原则；

（3）如火势可引致生命危险，员工应积极协助他人离开险境。

2. 意外

（1）如有受伤，立刻协助伤者前往医院；

（2）在意外发生的地方设立标志，以警告他人勿进危险区。

3. 紧急事故

如发生重大事故和天灾（火灾、台风、地震等），员工必须立即向部门主管查询应采取之行动，并报告损失情况。

4. 防盗

办公室人员下班时，关闭所使用的任何电源和门窗，锁好有关抽屉以防文件及其他物品遗失或被盗。饼店不希望员工将非常贵重的私人物品、钱财带入饼店以免发生不必要的麻烦。饼店管理人员有责任督促员工和其他管理人员采取措施防止饼店财物和员工财物被盗，并在发生时立即通知有关单位以保护饼店和员工的利益。

5. 保密

由于竞争的存在以及员工对饼店的责任，饼店任何成员都不应将有关饼店的任何情报泄露给任何人（饼店授权者除外），员工有义务保守秘密，同时个人的工资或是其他工作伙伴的信息及饼店的财务经营数额及人事政策等员工有义务保密。这既是一种良好的工作作风，又是对别人尊重的表现。这种保密的义务，不仅限于员工在饼店工作的合同期内，而且还应注意无论退休或离职，在员工离开饼店后，都将承担这种义务。无论员工有意无意将饼店的情报泄密，饼店将根据可能遭受的损失大小追究员工的过失，以及要求赔偿经济损失。

6. 个人资料更改

为了使饼店的饼店档案准确、真实，员工在下述情况发生更改时立即通知人力资源部主管：住址、联系电话、在发生意外或疾病时的联系人、本人的姓名、婚姻状况、国籍等。否则饼店将会认为员工虚报资料，会按照情节轻重给以处分。

7. 健康与安全

饼店是一个关心员工健康的饼店，饼店致力于向顾客提供最高质量的食品。当员工在饼店工作时，如果不注意，就有可能把细菌带给顾客和其他工作伙伴，因此如果员工患有传染病或接触了传染病患者，请向饼店经理请假并在上班时携带有关健康证明。按照经营宗旨和有关法则，任何急慢性传染病患者是不能在食品行业工作的，尤其是饼店。一旦员工患上传染病，在应有的医疗期内不能治愈，饼店将根据现行的有关法律规定与员工解除劳动合同。饼店为员工提供了清洁和安全的工作环境，符合有关安全和卫生的现行法律，我们期望员工也尽职以有助于保持健康和安全的水准，遵守安全规则，保持工作场所清洁。工作需要时请带上安全设备。在工作中如果员工发现有不安全的情况和事物，请提出建议，并报告相关主管引起注意和改进。若有伤害发生，无论是员工自己还是其他工作伙伴，请立即报告相关主管，必要时要写书面的报告。在员工工作或下班时，当发现有不安全的隐患，员工有责任报告有关人员排除。

8. 禁烟

饼店是禁烟区。任何人都应遵守，无论是顾客和供应商，只要进入饼店员工就有责任告诉他们不要在店内吸烟，以免产生误会。

附录　烘焙饼店经营管理用报表

每家饼店店面情况各不相同，以下表格仅供参考。

表1　　休假申请表

<table>
<tr><td>姓名</td><td></td><td>性别</td><td>年龄</td></tr>
<tr><td>工作岗位</td><td></td><td>申请原因
及起止时间</td><td></td></tr>
<tr><td colspan="4">领导意见：
签名
年　　月　　日</td></tr>
</table>

表2　　店长和普通员工的工作对比

比较项目	骨干员工	店长
位置	执行者	监督管理者
职责	专项事务	团队
工作对象	事情	人＋事情
工作技能	作业技能	人际、管理
评价标准	个人成绩	团队成绩

表 3 劝退通知书

劝退通知书

兹有×××，系×××饼店任×××一职，因×××有损饼店利益，特发出劝退通知书。

请×××收到劝退通知书于××××年××月××日×××点到×××解决劝退事宜。

×××饼店

年 月 日

表 4 入职申请表

姓名		性别		籍贯	
年龄		学历		家庭住址	
身份证号码		联系电话		申请职位	
个 人 介 绍					
备注					

表 5 离职申请表

姓名		性别	年龄
工作岗位		离职原因	
工 作 履 历			
备注			

表 6 商品订购单

<table>
<tr><td rowspan="2">顾客姓名</td><td rowspan="2"></td><td>联系地址</td><td colspan="3"></td></tr>
<tr><td>联系电话</td><td colspan="3"></td></tr>
<tr><td>名称</td><td>编号</td><td>规格</td><td>单价</td><td>数量</td><td>总价</td></tr>
<tr><td></td><td></td><td></td><td></td><td></td><td></td></tr>
<tr><td>付款方式</td><td colspan="5">1. 一次付清共计（ ）
2. 定金付（ ），取货付（ ）</td></tr>
<tr><td>制单人</td><td></td><td>日期</td><td colspan="3"></td></tr>
</table>

表 7　　　　　　　　　　　销售日报表

<table>
<tr><td>店名</td><td></td><td>销售状况</td><td>优</td><td>良</td><td>较差</td><td>差</td></tr>
<tr><td colspan="3">早班</td><td colspan="4">晚班</td></tr>
<tr><td>类别</td><td>金额</td><td>备注</td><td>类别</td><td>金额</td><td colspan="2">备注</td></tr>
<tr><td>面包</td><td></td><td></td><td>面包</td><td></td><td colspan="2"></td></tr>
<tr><td>蛋糕</td><td></td><td></td><td>蛋糕</td><td></td><td colspan="2"></td></tr>
<tr><td>西点</td><td></td><td></td><td>西点</td><td></td><td colspan="2"></td></tr>
<tr><td>冷热饮</td><td></td><td></td><td>冷热饮</td><td></td><td colspan="2"></td></tr>
<tr><td>外来品</td><td></td><td></td><td>外来品</td><td></td><td colspan="2"></td></tr>
<tr><td>其他</td><td></td><td></td><td>其他</td><td></td><td colspan="2"></td></tr>
<tr><td colspan="2">折扣记录</td><td colspan="5"></td></tr>
<tr><td colspan="2">主要促销产品
顾客投诉</td><td colspan="5"></td></tr>
<tr><td colspan="2">进货要求及联络</td><td colspan="5"></td></tr>
<tr><td rowspan="2">开店</td><td rowspan="2"></td><td rowspan="3">考勤记录</td><td colspan="2">出勤人数</td><td colspan="2"></td></tr>
<tr><td colspan="2">缺勤人数</td><td colspan="2"></td></tr>
<tr><td>打烊</td><td></td><td colspan="2">迟到、早退</td><td colspan="2"></td></tr>
<tr><td>天气</td><td></td><td>制单</td><td></td><td colspan="3">年　月　日</td></tr>
</table>

表 8　　　　　　　　　　　投诉处理表

<table>
<tr><td>顾客姓名</td><td></td><td rowspan="12">投诉案件背景

承办人
年　月　日</td></tr>
<tr><td>地址</td><td></td></tr>
<tr><td>电话</td><td></td></tr>
<tr><td colspan="2">投诉内容</td></tr>
<tr><td colspan="2">1.</td></tr>
<tr><td colspan="2">2.</td></tr>
<tr><td colspan="2">3.</td></tr>
<tr><td colspan="2">4.</td></tr>
<tr><td colspan="2">处理过程</td></tr>
<tr><td colspan="2"></td></tr>
<tr><td colspan="2">处理结果</td></tr>
</table>

表 9　　　　　　　　**收银员报告表**

NO.	项目		数量	金额	备注
1	交易客数量				
2	总抽屉应有现金				
3	退货次数及金额				
4	纯抽屉应有现金				
5	付款总额	收银机发			
		非收银机发			
		合计			
6	找错零钱				
收银现金合计		收款人签名 年　月　日			

表 10　　　　　　　　**生日蛋糕日报表**

日期	品名	规格	数量	折扣	单价	金额	备注

表 11　　　　　　　　**门市销售盘点表**

店名							日期			年　月			
日期	销售额	产品种类											
		面包	蛋糕	吐司									日平均销售额
1													
2													
3													
4													
⋮													
31													

表 12　　原材料登记表

年　月　日至　月　日

所需材料	星期一		星期二		星期三		星期四		星期五		星期六		星期日	
	领用	剩余	领用	剩余	领用	剩余	领用	剩余	领用	剩余	领用	剩余	领用	剩余

表 13　　收银员考核表

区域	日期	星期一		星期二		星期三		星期四		星期五		星期六		星期日	
	考查重点	开店	打烊	开店	打烊	开店	打烊	开店	打烊	开店	打烊	开店	打烊	开店	打烊
营业前准备及卫生	收银机、验钞机、收银纸检查														
	备用金及零钱														
	订货单														
	营业报表														
	各种包装袋包装盒														
	蜡烛、盘叉组合														
	对缺货是否了解														
	协助营业员打扫卫生														
	POS 机及验钞机干净无灰尘														
	收银台整齐无杂物														
	新产品的了解														
个人礼仪	头发（①是否过长；②有无梳洗整齐；③有无头皮屑；④额前头发是否影响视线；⑤是否染色过度）														
	脸部（①化妆是否过浓；②眼影是否太重；③是否有口臭；④口红是否涂的恰当）														
	手部（①双手洗的是否干净；②指甲是否太长；③是否涂指甲油）														

续表

区域	日期	星期一		星期二		星期三		星期四		星期五		星期六		星期日	
	考查重点	开店	打烊	开店	打烊	开店	打烊	开店	打烊	开店	打烊	开店	打烊	开店	打烊
个人礼仪	工作服（①是否干净；②是否破损；③衣服上有无头屑、头发；④纽扣是否完整）														
	鞋子（①是否干净；②是否穿拖鞋）														
营业中	收银是否熟练														
	是否使用礼貌用语（欢迎光临，谢谢，慢走等）														
	是否站立规范														
	面对顾客是否保持微笑														
	是否唱收唱付														
	是否提醒顾客不要遗漏物品														
营业后	清理收银台														
	填写营业日报表														
	结算当日收银钱物														
	打印收银对账单														
	收银机按规定清空														
	关闭 POS 机及验钞机的电源														

表 14 顾客基本资料登记

<table>
<tr><td rowspan="2">顾客资料</td><td colspan="2">姓名</td><td>年龄</td><td>性别</td></tr>
<tr><td colspan="2">家庭人口</td><td>住址</td><td>生日</td></tr>
<tr><td>顾客来店铺的频率</td><td>一周两次以上</td><td>一周两次</td><td>一周一次</td><td>两周或以上____次</td></tr>
<tr><td>顾客对店铺满意的地方</td><td></td><td></td><td></td><td></td></tr>
<tr><td>顾客对店铺不满意的地方</td><td></td><td></td><td></td><td></td></tr>
<tr><td>顾客对店铺有什么建议</td><td></td><td></td><td></td><td></td></tr>
</table>

表 15 晨会内容分析表 日期：

今天的工作目标	
昨天的工作总结	
具体要执行的工作	1. 2. 3. 4. 5. 6.
行动计划负责人	1. 2. 3. 4. 5. 6.
时间期限	

店长意见：

使用说明

目的：记录每天晨会内容，明确当天工作目标，提高工作效率。

填写：在开会时现场记录。

表 16　　顾客满意度调查表

欢迎您光顾×××饼店

您对所购买的生日蛋糕是否满意，

请在□中打√。

满意：□

不满意：□　A. 蛋糕主体与模型不一致

□　B. 制作时间过长

可否留下您的资料：

年龄：________　先生□、小姐□

您的住址区域是：________

--- --- --- --- --- --- --- --- --- --- --- --- --- --- --- --- ---

请店员填写：

店名：________

所售出生日蛋糕名称：________

尺寸：________

表 17　　新品上市顾客意见调查表

顾客姓名		性别		年龄		职业	
地址		电话		所购产品			
评价项目	非常满意	满意	基本满意	不满意	其他		
产品口味							
产品外观							
产品包装							
产品价格							
售卖方式							
顾客其他建议：							
营运部意见： 签名：　年　月　日							
生产/研发部意见： 签名：　年　月　日							

记录人：　　　　日期：　年　月　日

店内消费者调研（模版）

亲爱的顾客：

您好！感谢您关照××蛋糕面包连锁店的生意，××公司全体员工对您的到来表示热烈的欢迎并祝您有一个快乐的购物经历。为了能够更好的为您服务，我们需要您的帮助，请填写如下内容，不胜感谢！

填写规则：在您所确认的方框内打钩，如果您认为不愿意填的内容，可以不填。

如果有任何疑问，可咨询店内职员。谢谢参与！

---

1. 基本情况

年龄	20 以下	20～28	29～36
	37～45	46～60	60 以上

您的姓名（可不填）：＿＿＿＿＿＿

性别：男□　女□；

家庭住址（可不填）：＿＿＿＿＿＿

电话（可不填）：＿＿＿＿＿＿＿＿＿＿＿＿＿＿

学历：小学□　初中□　高中或中专□　大学□　硕士或以上□

家庭月收入：1000 以下□　1001～1800 □　1801～3000 □　3001～4500 □　4501～6000 □　6001 以上□

家庭人口：父亲□　母亲□　丈夫□　妻子□　儿子□　女儿□　兄弟□　姐妹□

2. 您一个月内买过几次蛋糕面包产品？

□1 次　□3 次　□5 次　□7 次　□9 次　□10 次以上

您在一周内买过几次蛋糕面包产品？

□1 次　□2 次　□3 次　□4 次　□5 次　□6 次以上

您平均每次购买多少饼店的产品？

□3 元　□5 元　□7 元　□9 元　□11 元　□13 元以上

3. 您去的最多的饼店是：＿＿＿＿＿＿　其次是＿＿＿＿＿＿

您为什么去这家饼店？□产品好吃　□价格低　□有促销　□老品牌　□去习惯了　□大家都去　□购物气氛比较好　□产品个儿大　□产品新鲜

您认为它最好的产品是什么？A ＿＿＿＿　B ＿＿＿＿　C ＿＿＿＿

D ________

它最吸引您的是什么？□装修 □气氛 □产品 □香味 □价格 □服务

4. 在本地，您去的最少的饼店是什么品牌？________；其次是________；为什么？________________

5. 您进饼店采购，用途是？

□早餐 □下午茶 □晚上点心 □小孩饭前零食 □送礼 □其他________

6. 通常情况下，您在饼店会购买什么产品？

□面包 □蛋糕 □老婆饼类的点心 □冻品零食 □酥类 □糖果 □饮料 □其他零食

7. 您认为××最大的特点是什么？ □产品好吃 □价格低 □有促销 □老品牌 □去习惯了 □大家都去 □购物气氛比较好 □产品个儿大 □产品新鲜

8. 您最喜欢××的产品吸引您的地方是？□颜色 □形状 □香味 □口感 □价格 □档次 □馅料

9. 您最喜欢××的项目是什么？ □装修 □气氛 □产品 □香味 □价格 □服务 □店内温度

10. 您对××最大的不满是什么？ □装修 □气氛 □产品 □香味 □价格 □服务 □店内温度

11. 您的建议：1. ________________ 2. ________________

3. ________________ 4. ________________

12. 您心目中的“××”品牌是（数字的左边是最好的，数字的右边是最差的；请您在最好和最差之间，您认为靠近的数字前划钩）

安全的	7	6	5	4	3	2	1	不安全的
可信任的	7	6	5	4	3	2	1	不可信任的
新鲜的	7	6	5	4	3	2	1	陈旧的
正宗的	7	6	5	4	3	2	1	不正宗、冒牌的

年轻的	7	6	5	4	3	2	1	年老的、老旧的
时尚的	7	6	5	4	3	2	1	传统的、守旧的
昂贵的	7	6	5	4	3	2	1	廉价的
合口味的	7	6	5	4	3	2	1	不合口味的
有价值的	7	6	5	4	3	2	1	没价值的
很高级的	7	6	5	4	3	2	1	低档的
甜蜜的	7	6	5	4	3	2	1	平淡的

13. 是什么吸引您进入××门市？

□看看新开饼店 □热闹气氛 □传单 □促销海报 □朋友介绍 □同事请吃 □家人购买

14. 在您的心目中，您认为“吃蛋糕面包”是怎样的？

安全的	7	6	5	4	3	2	1	不安全的
营养的	7	6	5	4	3	2	1	缺乏营养的
新鲜的	7	6	5	4	3	2	1	陈旧的
欧美的	7	6	5	4	3	2	1	本国的
时尚的	7	6	5	4	3	2	1	传统的、守旧的
昂贵的	7	6	5	4	3	2	1	廉价的
高级的	7	6	5	4	3	2	1	普通的
甜蜜的	7	6	5	4	3	2	1	平淡的
合口味的	7	6	5	4	3	2	1	不合口味的
引起食欲的	7	6	5	4	3	2	1	没胃口的

后　　记

店面经营无大事，天天面对的是简单和重复，但就是这些无数零碎的事情影响着我们的店铺。俗话说得好，天下大事自于细。如果我们把自己店铺的细节管理好了，每件事情都认真去做了，只要坚持下去，相信我们的店铺一定会成功的。

由于篇章所限，我们选择最重要的内容编纂成书，供大家阅读。在编写中难免出现错误，希望广大读者指正，同时衷心祝愿大家能在饼店的经营中取得更高的发展。